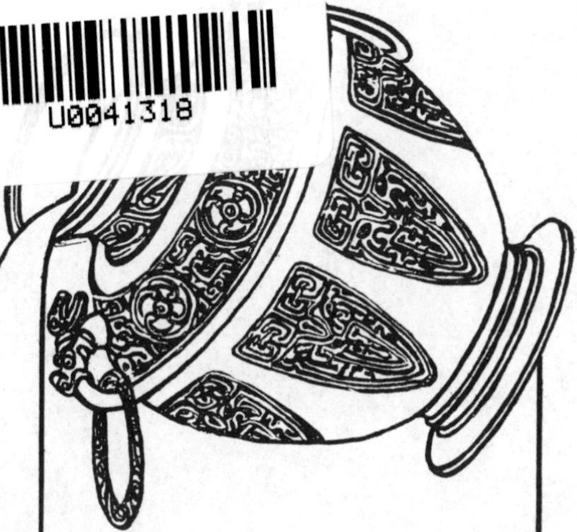

人性的批判

荀子

ISBN 957-13-1451-X

原著者簡介

荀子

荀子，名況，趙國人，私淑於孔子，能得其外王之學之正傳。他生當戰國末年，眼看列國諸侯紛爭，天下淆亂；一般士大夫助長其勢，致使社會靡爛，生民塗炭。而自己又毫無憑藉以扭轉頹勢，於是著書立說，垂教後世，故語多激昂。

編撰者簡介

陳修武

民國二十二年生。
學歷：師大國文系畢業。
現任：國立臺灣大學中文系副教授。
著作：散篇文章有：「罪惡之感之由來與原罪之意義」、「論語現代意義之探索」等。

致讀者書

親愛的朋友們：

首先我應該把我寫這本小書的原則，連帶把親愛的讀者朋友們在看我這本小書的時候應該有的心理準備交待一下。

這一整部書，都是要給青少年朋友看的，當然在寫作的時候要趁合青少年朋友。這本來是沒有問題的，但我認爲並不這麼簡單。一方面，什麼是青少年水準？一方面，應不應該僅就著平常所謂的青少年水準來寫？

我以爲有很多人都是低估了青少年水準的，所以市面上一般以青少年爲對象的讀物大率都是所謂以「淺顯」爲原則的。淺顯，聽起來是很入耳，說起來也是很順口。但是我們應該知道，這「淺顯」是很容易被「淺薄」取而代之的。大人們成天慨歎青少年朋友們國學程度太淺，却又要以淺薄敎之。我不知道這與看到一個人營養不良却只給他白米稀飯喝不給他鷄蛋、牛奶、豬肉吃有什麼不同？

我以爲，如果一般青少年的國學程度眞是像大人們所認爲的那麼淺薄，大人們就應該給他們些深刻的東西；如果不是那麼淺薄，大人就不應給他們以淺薄。天下絕沒有以「淺薄」來救治「淺薄」的道理！淺薄如果眞能救治淺薄，我們青少年的國學程度根本就不應該是淺薄的！

平常我們會聽到一些講經典的先生們說：「我這是『深入淺出』。我是從來不作『玄談』的」。老實說，我一聽到這句話就討厭。因爲，這句話根本就是「淺薄」二字的代名詞。「不作玄談」，就是講不出個道理來。再說，什麼叫做「深入淺出」？這完全是一句騙人話。眞正「深入」的東西，就不能「淺出」；眞正「淺出」的東西，就表示沒有「深入」。上帝不管多麼萬能，也造不出一個既能「深入」又能「淺出」，自我矛盾的學術怪獸出來！

親愛的讀者朋友，我不知我這想法對你是不是能夠接受的。不過，在這裏，我想告訴你，年輕人讀書千萬不可貪圖容易，不可只想一看就懂。因爲，這樣只能使你永遠淺薄。我這本小書寫得好不好是另外一回事，至少我絕沒有意思使你淺薄，絕沒有打算使你一看就懂。

第一部分討論到荀子其人與其書的問題，其中一些教科書式的介紹是最不重要的，你大概眞地可以一看就懂了。但是，你必須好好留意我寫韓非、李斯的那兩小段和寫孔子的那一大段。這三個人被我們近代人誤解、曲解得很厲駭。韓非的學術思想、李斯的行政作爲，明明是罪惡的根源，偏被人解釋成人羣集體生活中光明峻偉之眞理的所在；孔子的敎訓，明明是人羣集體生活與個人精神生活光明峻偉之眞理的所在，却偏被人解釋成罪惡的根源或是俗不可耐令人討厭的說敎。近代人的貪淺好怪，從這三個人身上就可以看出來了。

第二部分標題爲「荀子的眞形象」，是我藉一個宣傳名詞而定的。近代人除了貪淺好怪之外，還有一個絕大的毛病就是「趨新」。政治上什麼「創造國家新形象」，學術上什麼「新論」、「新說」都是以這種毛病爲病根的病象。我們應知「新」是個時間進展中形成的概念，今天是「新」的，明天就「舊」了。再說，能「新」到什麼程度？眞是前所未有嗎？突然間從天上掉下來的嗎？

所以，我總以爲無論爲人爲學，只「眞」便好，標「新」立異最要不得。這就是我以「荀子的眞形象」名這一部分的原因所在。當然，我究竟能否把荀子的「眞形象」眞說出來，自然是另外一回事。至少，我是朝這方向努力的。

在這一部分中，你應該注意三個問題。

第一個是性善、性惡的問題。這是一個非常惱人的學術問題，也是一個決定你、我與所有人生死禍福的最根本的問題。你既沒有資格小看它，你也沒有資格推給「學術」不管它。你可以不管它，它卻非管你不可。一個人的眼睛在這地方是不能不亮一點的。我的分析，應該是不會誤導你。

第二個是韓非、李斯的罪惡問題。有人說歷史不可重演。這完全是一句假話。歷史是絕對可以反覆重演的，只是演員不同，故事不同而已。韓非、李斯那種罪惡的形式與本質，與他們那種罪惡所造成的災難，如果我們不把他們那種罪惡的種子找出來毀掉，隨時隨地都可以重演。現在，我幫你找出來，希望你把它毀掉。

第三個是荀子學術眞價值之所在的問題。在這方面，我絕不是像古人作八股文章時「護題」一樣，非要把自己的題目說得十全十美不可。我寫這本「荀子」卻未把他當作一個完美的對象來處理的。這用不著我細說，你讀到這個地方你自己必將會發現。荀子有很大的誤謬，也有很大的獨到價值。他的誤謬，我們當然要揚棄；他的價值，我們當然要認取。他的價值在那裏？當然，也是你讀到這個地方，自然就會發現的。

本書的第三部分是「天論篇」的疏解。天論，實在是荀子三十二篇之中最精彩的幾篇文章之一。如果僅就「精彩」而論，說它是最精彩的一篇也不算過分。我是一句一句予以闡釋說明的。全文四萬多字，隨著荀子原文的發展，我把他牽涉到的問題一個一個地疏解給你聽。他的問題到今天還是很「新」的。正因爲他的文章與問題都很精彩，我的疏解有時也甚不庸俗。可讀性頗高。

第四部分是除天論篇以外荀子其他各重要篇章的大義述評。我共寫了二十一篇。行文的長短不一。依其篇章之不同，我的寫法也不同。有些是我只把大義宗旨介紹一下，有些是我把其中重要的幾段作一白話之重述，有些是我針對他的問題加以釐清批判，有些則是我借他的題目發揮我自己的感觸與見解。大概，我那些批判與發揮都應該是值得你讀一讀的，有時我自己也寫得興會淋漓，像寫天論篇和荀子的眞形象一樣。譬如禮論篇、樂論篇和君道篇，我的述評都是相當具有啓發性的。

如果你能順著我所寫的好好看一看，我想你應該能在我這本小書之中得到許多令你欣喜歡樂的好處。你既可以認識荀子，也可以認識其他許多比荀子更重要更偉大的人物。那些人物，同荀子一樣，在人類歷史文化中永遠都是生機活潑的。

我希望每位讀我這本小書的青少年朋友都嫌我寫的太「淺顯」了；當然，我更希望有青少年朋友嫌我「淺薄」的！

這封信就到此結束，謝謝你。祝

學祺

陳修武 七十年八月三十日

附：書中引用荀子原文的地方，我把好多古體字都改爲現今通行的字了。

目錄

荀子 人性的批判

一、荀子的人和他的書

㈠他究竟姓甚麽？

說到荀子，第一個使我們困惑不解的問題大概就應該是他的姓氏了。他究竟姓什麼？在自漢以來的記載中，甚至在他自己的書中，都有兩種說法：一說他姓荀，一說他姓孫。像他這樣一位在歷史上很有名而且很重要的思想家，竟連一個確定的姓氏都沒有，那不是一件很奇怪的事嗎？但問題就是這樣的奇怪，他眞地沒有一個確定的姓氏。我們現在稱他爲「荀」子，只是遵循司馬遷史記的記法。除史記外，其他有關「荀子」的古代典籍，像韓非子、戰國策、韓詩外傳、鹽鐵論等等都是說他姓「孫」的。而這些書，也都是我國歷史上很重要的文獻，而且也都是可以像史記一樣使我們信得過的文獻。再說史記許多地方還是直接從戰國策抄來的呢！

這當然是一個問題。

面對這一個問題，我國以前的學者，提出了三種不同的解釋。

第一種解釋是，荀子原來確姓「荀」，可是在漢代有一個皇帝漢宣帝（在位時爲公元前七三—四九年）名字叫做「詢」。當時人爲了避他這個諱，便把荀子改姓「孫」了。這就是我國古代所謂的「避諱」。

避諱，是我國古代一種很特殊的政治和社會制度，那就是君主和父母的名字，做臣下和子女的既不能直接用口說出來也不能直接用手寫出來，也不能在一般的談話和書寫中間接說出來或寫出來。總是要設法避一避的。如果沒法子避開，大都是採取下列三個方式來處理的。那就是：

㈠、把原字缺一筆。如小說紅樓夢中林黛玉的母親名叫「敏」，所以林黛玉每寫到「敏」字時便不把這個字完全寫出，只寫成「敏」。古書中這種例子是最多的了。所以，學者就根據這種「避諱」來斷定古書寫成或抄成的年代。

㈡、用一個意思相同或相近的字來替換一下。如戰國末年有一個很有名的辯士叫「蒯徹」，後因漢武帝名叫「徹」，漢代人就把他改成「蒯通」了。唐代的人把「民」、「治」兩字換爲「人」和「理」兩個字，便是要避唐太宗李世「民」和唐高宗李「治」的諱。

㈢、換一個字音相同或相近的字。漢代人因爲漢宣帝名叫「詢」，荀子便不能姓「荀」，於是就給他改一個與「荀」音近的「孫」。這種例子在古書中也是很多的，我們就不列舉了。

可是，這種避諱的說法是不能使人信服的。一個基本的原因就是漢宣帝以後漢代人抄述前代人書籍中引述到姓「荀」的人，如左傳中的荀林甫、荀瑩都未改，而且漢代一些有名的姓「荀」的人物如荀淑、荀爽、荀悅也太多了。他們爲什麼還照姓其「荀」而不改呢？

第二種解釋是「荀」和「孫」在古代的聲音是很相近的，也很可能是相同的。古人常把音近或音同的字替代使用，在古書中確是一種非常普遍的現象。這可說是，我們在讀古書的時候所遭遇到的最大麻煩。其實，這情形直到今天還有，「了解」我們就常以「瞭」代「了」，寫成「瞭解」。如果「了」、「瞭」字音不同，我們一定不會這樣地替代使用。

第三種解釋是姓和氏的混用。以前在西周之時，宗法制度很嚴格，姓是姓，氏是氏，不能混用。但是到了春秋，乃至於戰國時代天下大亂，姓、氏便混用了。如晉文公的一位大臣原軫，也叫先軫。戰國時代秦孝公那位有名的宰相商鞅，其實並不姓商。他原姓「姬」是周天子的同姓，是衞國的公族。他長大後從衞國到魏國，衞國人便稱他爲「公孫鞅」或「衞鞅」，直到他助秦孝公變法圖強，秦孝公把他封到「商」，後人才稱他爲「商鞅」。荀子的「荀」、「孫」互用可能也是因類似這樣的情形而來的。

這三種解釋，實在說來，都只能算是一種「解釋」而已，都不能是一種確定的說法。因爲，像這樣有關古代史實的考證都是根本不能「考證」個明白的；任何考證都是一個無窮的複雜。不過，我們現在大都是採用第一種說法。這完全是爲了避去這種「無窮的複雜」而已，並不是說我們就認爲第一種解釋是可信的，其他二種都不可信。它們都同樣有其可信之處，同樣有其不可信之處。

說完他的姓，再說他的名。

他名叫「況」，古書中也有稱他爲「荀卿」或「孫卿」的。「卿」不是名，而是戰國時代對人的一種尊稱，和古書中的「子」字有同一作用。戰國末年，那位因替燕太子丹刺秦王而有名的荆軻，當時就被人稱爲「荆卿」。和這「卿」字相似的，就是「先生」，所以荆軻的一位好朋友田光，時人就稱爲「田先生」。

(二)一生的經歷

荀子的一生經歷，實在說來，是很難詳考的。

我們現在要了解荀子的生平事跡，大概只能根據二種材料：一是史記中的孟子荀卿列傳，二是劉向在整理荀子書時所寫的一篇序文，稱爲「孫卿新書敍錄」。劉向是漢末的人，比起漢武帝時代著史記的司馬遷自然晚了許多。所以，史記有關荀子的記載就是有荀子生平的最早文獻。劉向的記載雖然晚一點，但是劉向是一位歷史上非常認眞的整理圖書的專家，態度謹嚴，爲後人所稱道。所以，他的記載，大體上，應該也是很可以使我們相信的。

我們現在就根據這兩種材料，大概敍述一下荀子的生平事蹟。

荀子是戰國時代的趙國人。約生於公元前三一五年前後。趙國的位置就在現在山西省的中部、北部和河北省西部一帶。在歷史上，它與其他六國秦、齊、燕、韓、楚、魏，被稱爲戰國七雄。七雄互相爭戰。這樣，人民就處在連年不停的兵禍之中。孟子說「爭城以戰，殺人盈城；爭地以戰，殺人盈野。」那眞是對當時戰爭慘烈的一個最好的寫照。

在這樣一個時代中，一般老百姓除了只被動地受苦之外，實在沒有別的任何選擇。可是一些知能之士便不然了，他們總是要想法子主動地在那個時代中有所作爲。一方面當然在避去那時代加在人們身上的普遍災難；一方面自然是去改變那個時代。個人的力量有限，於是他們便羣聚在幾個特殊人物的領導之下形成了一種集體的力量。這些特殊人物，或在社會上或在政府中，自然便以收攬這些知能之士爲主要工作。這便是戰國時代招致門客之風之由來。在那些特殊人物之中最有名的就是魏國的信陵君魏無忌，趙國的平原君趙勝，齊國的孟嘗君田文和楚國的春申君黃歇。這就是有名的所謂戰國四公子。他們各有門客三千人。天下的知能之士自然便多以歸屬到他們的門下爲榮。這些所謂「門客」，當代與後代多稱之爲「士」。一說到「士」，我們就很自然地想到就是知識分子；一說到知識分子，我們就會很自然地想到就是學問、人品都很好的人。

其實，並不一定。那些所謂「士」，許多都是學問與人品都很差的人。荀子就不願與他們爲伍。

當荀子之時，趙國有平原君在招賢納士，趙國的南鄰魏國的信陵君接著也便起來了。他們的門下都號稱有三千之士。據史書所記載那時的天下之士都不遠千里去到他們那裏，都認爲到他們那裏是一種光榮。可是，說也奇怪—其實也並不奇怪—就在他們的附近有一個「士」就不到他們那裏去。

那便是荀子。

荀子自己修身立學，根本就沒有把平原君、信陵君和他們的門下之士看到眼裏。根據史書所載，他在趙國默默無聞地一直到五十歲才離開了趙國到齊國去。那時正是齊襄王的時代，齊國被樂毅用燕國的軍隊打得大敗幾乎滅亡幸賴田單用計復國不久。襄王力圖恢復，延攬了許多有學問的人以爲助理。荀子到齊，襄王便任命他做「祭酒」。據說，十年之間，荀子曾三次做齊國的祭酒。

「祭酒」是古代的官名。其職責是在祭祀的時候領導與祭人向神明獻酒。祭祀在古代是國家重要事務，愼重的程度與用兵打仗沒有差別。所以說「國之大事唯祀與戎」。主持這種祭典的人都是道德、學問、年齡最高的人。所以「祭酒」的地位是很高的。從表面上來看，「祭酒」只管領導祭禮之獻酒。其實，正因爲他們的道德、學問、年齡都很高，他們常常就是國君的最高諮議。所以，一直到現在我們還時常稱在某一行業中有最高成就的爲「祭酒」。

荀子在齊國做祭酒，引起齊國許多小人的嫉妬。這樣，很自然的，許多不利於荀子的謠言和誹謗便製造出來傳播出去。荀子就不能不離開齊國了。

荀子離開齊國，到了楚國。這時楚國正是春申君黃歇當政的時候。春申君任命荀子做蘭陵令。這年是周朝正式滅亡的第二年（西元前二五五年），下距秦始皇稱皇帝（西元前二四六年）不到十年。蘭陵大概就在現在山東省嶧縣的地方。那個官職並不是很大的。但就這個不很大的官職，他也未做很久。後來春申君被殺，他的蘭陵令自然也做不成了。不過，他這時年事已經是相當地高了，再加上時局已混亂到了極點，於是便未作遷居之計，終老蘭陵。他大概活到八九十歲才去世。

荀子影響於後世的，有兩個學生和一本書。兩個學生就是韓非和李斯，一本書便是我們在這本小書中所要討論的荀子三十二篇。

㈢韓 非

韓非雖是荀子的學生，但在眞正的學問上，他卻是根本接不上荀子的。對他老師學問的眞精神，他毫無體會與認識。但是，他畢竟是一位非常有頭腦的人。他沒有得到荀子學術的眞精神、眞意義，他卻藉著荀子的教導加上對老子學術的悟解並承繼了先秦法家思想，而且爲法家思想安立了一個哲學根據。

說到法家，韓非之前有商鞅、愼到與申不害三人。一般說來，愼到重勢，商鞅重法，申不害重術，這就是所謂法家之三系。其實，商鞅都已兼而有之了。所謂勢，就是客觀之形勢，時代之潮流。愼到重之，商鞅也重之。只是商鞅沒有特別提出來成爲一個突出的原則而已。再說，不僅法家重之，就連儒家的孟子也不否認它的重要性，所謂「雖有智慧不如乘勢」便是這個意思。只是賢者在乘勢之上另有高級的肯定能「好善而忘勢」而已。所謂術，即是主觀之心術。在法家特指人主個人陰深莫測的心思運用。人主必須有這種術，才能駕御驅使其臣下；否則，一定會成爲被其臣下所利用之工具。所以，申不害重之；申不害重之，商鞅又何嘗輕之？這樣的心術，儒家任何人是都不能承認的。

韓非，一般說來，是法家商鞅重法，愼到重勢，申不害重術的集大成者。這種說法，嚴格地講，是不能眞正成立的。一個很淸楚的事實是，他除了一本書外沒有任何具體的成績留到人世間。他重法，卻沒有一本法典留在人世間；他重勢，卻完全沒有控制著他自己生活於其間的客觀形勢；他重術，卻一點心眼兒都談不上。在現實上，他是一個徹底的失敗者。試問，他集的是什麼大成？

但是，韓非確是先秦法家一個重要人物。那是因為他為法家之法、勢、術安立了哲學基礎，建立一種形而上的根據。法家哲學是他建立起來的。他確兼重法、勢與術；但是，在他的哲學中法與勢是第二序列的東西，術才是第一序列的東西。所以自秦漢以後，申、韓並稱。術，像我們前面所講的，是一種陰深莫測的心思運用。實在說來，原是屬於個人氣稟的問題。人之是否具有這種心思，只是生理上的偶然，不是道理上的必然。韓非就要道理化它、必然化它。他的憑藉便是老子的道家哲學。所以太史公司馬遷在史記中便把老、莊、申、韓放在一起。這是很有道理的。

韓非藉老子的道家哲學道理化了，必然化了申不害的「術」以使君主之心成為一個陰深莫測的黑暗之源；並以這一個黑暗之源任法乘勢。法與勢，本來都是中性的，可以實現價值，也可以否定價值。但是，由這樣一個黑暗之源所乘之勢，所任之法則必然是否定價值的。再者，韓非又竊取曲解了他老師荀子哲學中「性惡」

說以否定所有人的人格價值，黑暗化整個的人格世界。而且，比起商鞅、愼到、申不害來，他又是有形而上的根據的。

近代一些人喜歡胡亂比附，一聽人說韓非是法家的集大成者，便把韓非奉爲近代法治的先知先覺者。實在說來，這是既不懂法家，也不懂韓非，更不懂什麼叫做法治。

四李　斯

李斯是韓非的同學，他們曾一同在荀子門下求學。後來都作了荀子的叛徒，同歸於法家。如果我們說韓非是一個理論家，李斯便是一個實行家。李斯助秦始皇滅六國，一天下，以使書同文，車同軌，實在說來，都是極具歷史價值的。可謂有功於中華民族。但是，這些都是他們陰暗冷酷的自私心極度膨脹中的副產品。他實施徹底的愚民政策，秦始皇焚書坑儒都是由他一手設計、執行出來的。他否定一切屬於人性尊嚴和人格價值的東西，如孝、弟、仁、愛、忠、恕……等等。把天下老百姓全看成一種不具備任何理想、觀念、理性、道德的動物，當然也把他自己看成這樣的一種動物。

他與韓非是荀子門下的同學，二人原本是很要好的。可是等到他在秦國受秦始皇之任用爲丞相主理秦國政事的時候，韓非去找他，他便把韓非囚了起來。韓非終被他囚死在獄中。韓非在獄中寫了一本書就是流傳到現在的「韓非子」。這本韓非子李斯便拿來做了他處理政事與爲人處世的根據。終至成功了他借秦始皇之力而建立起來的非理性的黑暗統治，荼毒天下生靈。因此，李斯與韓非二人，可說是「二惡相濟」。韓非的黑暗哲學給李斯的黑暗統治提供了理論基礎，李斯的黑暗統治給韓非的黑暗哲學提供了一個徹底實現的機會。所以，如果宇宙之間眞有像佛家所說的「陰曹地府」，他們這兩個老同學在那裏再次見面時，李斯固要謝謝韓非，韓非一定也會謝謝李斯的，雖然他是被李斯囚死的。

不過，正當他們這兩個老同學在陰曹地府握手言歡互相感謝的時候，卻正是天下老百姓受苦的時候。不僅那時的老百姓受苦，他們兩人那黑暗的哲學與黑暗的統治的搭擋，事實上已把經春秋戰國殘留下來的古典敎化與淳厚的社會善良風俗破壞無遺。那也就是說，他們製造了一個充滿了不祥和的社會。而且，那個不祥和的社會，並未因秦朝之滅亡而消失，直到漢朝初期的九十年間還是存在著。

荀子的這兩個學生在歷史上造的罪孽眞是太大了。

㈤荀子的老師——孔子

荀子之生上距孔子之死（西元前四七九年）約有一百六十五年左右。他自然是沒有見過孔子的。不過像孟子一樣，他也是私淑於孔子的。所謂「私淑」，就是對於前代有道德學問的人心存景仰而不能親身向他問道求學，便以他做爲自己做人爲學的模範。孟子與荀子對孔子便是如此。孟子與荀子不僅私淑於孔子，而且他們也眞正地繼承並發揚了孔子敎訓。所以，要想了解孟子或荀子都必須先了解孔子。這是任何人都不能否認的事實。

可是要了解孔子，在今天實在是一件非常不容易的事，因爲近代我們對這位中國文化中最偉大的人物誤解、曲解得太多太大了。要眞正恰當地了解孔子，實在是一件很不容易的事。現在，爲了切合我們的題目，就讓我們從漢書藝文志的兩句話來說起吧！漢書藝文志說孔子「祖述堯舜，憲章文武」。這實在是兩句非常有意思的話，可是一般人對它的了解，多於浮泛不切當的。甚至，完全沒有了解，認爲那只不過是一種普通的像「系出名門」那樣的無意思的誇讚辭句而已。

有些人說，這就表示孔子的學問都是有所繼承的。孔子不是自己也說：「吾述而不作，信而好古的」嗎？

也有些人說，這就表示孔子是一個徹頭徹尾的「復古」主義者，這兩句話除了能證明孔子確實具有一個死抱著古代制度不放的頑固頭腦之外，不能證明任何其他的東西。像這樣一種具有頑固頭腦的人，都是只生活在過去，不生活在現在，也不生活在未來的。所以像孔子這樣的人最是要不得的。其實，這全是不用大腦的胡思亂想，瞎說八道，連普通所謂的「皮毛之見」都稱不上。

如果我們肯平心靜氣地來好好想想這兩句話，它實在是說明了孔子不僅是一位有一個完美道德心靈的人，也是一位具有歷史智慧的人。

文、武，就是周文王和周武王。憲章，就是我們平常所謂「效法」的意思。孔子的「憲章文武」，我們確可在論語中得到證明。孔子一生所追求的目標就是周文王和周武王治理天下國家的道理；而且還想把這些道理實現出來。所以當衞國一個叫公孫朝的人一天問子貢孔子究在「學」些什麼時，子貢便回答他說：「文武之道，未墜於地在人。賢者識其大者，不賢者識其小者。莫不有文武之道焉。夫子焉不學？而亦何常師之有？」在子貢的心目中，孔子不僅有學，而且學的還是文武之道；不僅學的是文武之道，而且是文武之道的「大者」。這樣的學問自然不是普通的學究所能教的，所以他沒有「常師」。

常師，就是一定的老師。其實孔子不僅學的是這文武之道，且正如我們前面所說，更以重新實現文武之道爲他的一生職志；他眞切地感到這就是他一生使命之所在，上天生下他來就是要他來完成這個使命的。所以，當他在匡受到生命的威脅時，他這種使命感很自然地把自己的生命與歷史認同，與文武之道認同，說：「文王既歿，文不在茲乎？天之將喪斯文也，後死者不得與於斯文也；天之未喪斯文也，匡人其如予何？」在孔子直以爲，天之所以把他生於人世間，根本就是爲了要他重新實現文武之道；只要「天意」未改，匡人便不能奈何他。

由此，我們可以知道，我們前面所說的孔子的歷史智慧並不是普通讀歷史書知道一些歷史事實的聰明才智而是一種具有使命感的生命智慧。這種智慧使他很自然地與中華民族的歷史化而爲一。「我」就是歷史，歷史就是「我」。這，我們可名之爲孔子的歷史人格。

現在，有兩個問題我們須要解決了。

一、歷史上的聖王很多，孔子何以一定要以文武爲憲章呢？

二、孔子是殷商人的後代，他爲什麼一定要以代殷商而有天下的周人爲自己認同的對象呢？

由後一個問題，我們可看出孔子的偉大；由前一個問題，我們可看出周人的偉大。周人的偉大，是他們能在我國歷史上建立第一套完整的政治、教育、社會、經濟制度。孔子的偉大，是他不以狹隘的族類意識以自我限制。他是一個整個民族的歷史文化意識；在那個時代，也就是一個整個人類的歷史文化意識。孔子這種歷史文化意識與耶穌不以猶太人意識以自限的天國意識實可說是甚爲接近。宋司馬桓魋之欲加害孔子與猶太人一定要把耶穌釘死在十字架上其實就是同一心理。耶穌視死如歸，很自然地說「成了！」孔子無憂無懼，很自然地說：「天生德於予，桓魋其如予何！」我們如果肯內在而眞切地反省這些話的生命意義，就不難體會到孔子在歷史文化和人格知慧領域中那種高境界的偉大體證。

現在，讓我們再把我們的論題拉回到孔子歷史文化的意識中。

論語中載有子張問孔子「十世可知也」一章。孔子回答他說：「殷因於夏禮，所損益可知也；周因於殷禮，所損益可知也。其或繼周者，雖百世可知也。」可見夏、商、周三代都是孔子所肯定的。夏、殷二代之禮，雖文獻不足，孔子也自稱「吾能言之」。但他最稱美的卻是周禮。且不僅稱美而已，更直截了當地說：「周監於二代。郁郁乎文哉，吾從周。」周，根本就是他終生嚮往的對象。這裏所謂「文」，就是周的諸制度。「郁郁」就是盛美的意思。周的制度之盛美，就在於那個制度將理想與現實合一了起來，是將周那個大帝國的成就與每一個普通老百姓的成就合一了起來。在這雙重的合一中，達到所謂「文明以止」，「化成天下」的「人文」理想世界。

這幾個術語都出自易經的賁卦。

「人文」就是根據人之所以爲人的道理而制定的制度。這種制度代表一種理想，一種光明，故曰：「文明」。「止」是依止的意思。「文明以止」，就是說，這種文明既是根據人之所以爲人的道理而建立起來的，它便當是人們行爲的必然依止。人在這種依止中，既成就了那個制度，也成就了自已人之所以爲人的一切當然，這便是所謂「化成」。天下人皆能如此，故曰：「化成天下。」

當然，這是一種極具理想性的政治成就。西周政治，在現實上，並未有達成這種成就。「堯舜其有病諸」！事實上，也沒有任何政治眞能達成它；但任何政治都不能不以它爲必須達成的理想。代表西周政治的那些制度便是如此。因此，孔子要「從周」；以西周制度的實際制作者周公爲自已夢寐以求的理想人物。

西周的制度到東周出了問題，或是被破壞，或是被一些野心家利用來做危害人民的事情。孔子不是不知道。不過，孔子認爲那主要是人的因素。任何好的制度，如果執行不得其人，不僅無法達到其預期目標，甚至還會產生反其目標的效果。孟子說：「徒法不能以自行」便是這個意思。故孔子乃有「人而不仁如禮何？人而不仁如樂何？」禮、樂都是現成的制度，不得仁人而執行之，它就不能起眞正的好作用。再說，西周制度到東周出了問題，與人們對這些制度的了解程度與方式也有關係。子貢說：「賢者識其大者，不賢者識其小者。」這大者、小者，其實就是眞者、假者。對於西周制度，一般人並不能眞了解。無知的誤解與刻意的曲解，都是有害於西周諸制度的。由孔子「樂云，樂云，鐘鼓云乎哉？禮云，禮云，玉帛云乎哉？」的慨歎，我們就可知當時人對西周制度了解之「小」了！因此，擺在孔子面前的兩件事：一是重建對西周制度的正確了解；二是重建對人之所以爲人的正確認識。怎樣認識人的意義，怎樣了解西周制度的意義，就成了孔子敎育其門徒的根本課程了。

在怎樣正確了解西周制度這方面，我們都知道，孔子是把那些「布在方策」的「文武之道」作爲其主要敎材以敎育青年的。而且，他的敎育內容、敎育方式與敎育目標，幾乎全是承襲西周制度的。孔子不僅以它爲教，而且他栖栖皇皇奔走天下爲的也就是要實現它。孔子以爲，天下、國家、社會、人生，都必在制度中達到至善的境地。制度，就是所謂的「禮」，它代表事物成就的秩序。落到歷史上來說，它就是所謂的「文武之道。」

這就是孔子「憲章文武」的意義與方式。

孔子「祖述堯舜」的意義與方式，可不是這樣的。

從歷史發展與政治制度的角度來看，堯、舜的唐、虞之世，不僅在今天是難以考實的，孔子時代已經是如此了。孔子曾說過：「夏禮吾能言之，杞不足徵也；殷禮吾能言之，宋不足徵也。文獻不足故也。足，則吾能徵之矣。」杞是夏的後代，宋是殷的後代，陳是舜的後代。這在西周的封建制度中，叫做「三恪」，周初人以爲他們都曾有功於天下生民，所以把他們的子孫都封爲諸侯來保存其祭祀。按理，這三國都應該保有其祖先的「史料」可作後人的「考徵」之資。事實上，並不如此。照孔子所說，杞、宋二國已經都不能作爲考徵夏禮、殷禮的依據了。那麼，陳國自然更是不能提供給人們考徵虞舜時代歷史之事實與政治制度之可信資料了。

唐、虞之世的政治制度之不可考徵，不僅孔子時代是如此，西周之初已是如此了。周存「三恪」只上及虞舜。據說只把一個傳爲虞舜之後的胡公封在陳。當然，也有人說所謂「三恪」是黃帝、堯、舜之後。可是，至少我們到今天還不知道西周是把黃帝和堯之後裔封到那裏去了。卽令眞有此事，孔子也是不及見的；更不必說憑藉他們來考徵他們祖先的政治制度了。

所以，孔子之「祖述堯舜」完全不是站在政治制度的立場用心用意的。那麼，孔子「祖述堯舜」的動機與目的究竟何在呢？乃在於德性之點醒與提昇。

「徒法不足以自行」，任何「好」的制度都必須由「好」的人來執行才能獲致「好」的績效。故孔子曾慨歎道：「人而不仁如禮何？人而不仁如樂何？」仁，就是一個人應該具有的完美之德性與德性之完美。在孔子看來，禮樂都是很好的東西，但是如不得「仁人」來主理，也是不能對國家社會有好處的。而且，不僅主理國家社會政務的必須具有這樣完美的德性，組成國家社會每一成員也都是非具有這樣完美的德性不可的。這理由很簡單，國家社會不能離開組成它的成員而掛空地存在。所以，如何使國家社會的每一成員都成爲具有完美德性的「仁人」，便是孔子畢生主要用心與努力之所在了。

此一「如何」之方式，可有許多，但是最基本而有效的一種便是直接而具體的點醒。要人體會到這完美德性之成就的基本因子就在自已的生命中，也就是自已人之所以爲人之生命的本身；給予自已這人之所以爲人之生命的本身以滋養、發展、成長以至充實飽滿，便是德性完美之成就，也就是所謂的「仁人」了。而這「點醒」的方式，也可有許多，而最基本有效一種便是藉着歷史上德性人物的提示使人產生一種「彼何人也，我何人也，有爲者亦若是」的嚮往情懷。

孔子之「祖述堯舜」便是這種形式。

堯舜與文武，都是既有德性成就又有政敎成就的人物。用古人的話來說，都是聖人而在位者，都是荀子所謂的「聖王」。但是，孔子對堯舜、文武這兩組「聖王」的態度並不是完全一樣的。那也就是說，孔子藉尊仰他們這兩組聖王所要達到的目的並不是完全一樣的。孔子「憲章文武」是因爲文武既是德性之模範也是政敎的模範，而且重在他們的政敎之模範意義，而他們的德性實在也就是在他們的政敎中凸顯而成就的。堯舜的政敎，在孔子之時，實在早已泯然無可考徵。即令由尙書所載堯舜那些史實都全是信而有徵的，那也是太原始而簡略根本不能適合春秋時代的社會需要了。所以，孔子對堯舜這組聖王的「祖述」完全是德性意義而非政敎意義的。

莊子曾稱孔子的學術爲「內聖外王之道」。這意思是很對的，他這種對孔子學術的體會與論斷確是至爲眞切的。若照莊子這意思來說，我們可以說孔子之「憲章文武」要在顯其外王精神，孔子之「祖述堯舜」要在顯其內聖精神。當然，此處「要」之所以爲，並不是「專主」的意思。這兩種精神事實上是不可分的。堯舜當然都不僅只是「內聖」而已，文武當然也都不僅是外王而已。

現在讓我們看看孔子藉堯舜來點醒並提昇世人完美德性的根本與其當該具有的內容與境界。論語中有極爲類似的兩段：

一、子貢曰：「如有博施於民，而能濟衆，何如？可謂仁乎？」子曰：「何事於仁？必也聖乎！堯舜其猶病諸。夫仁者，己欲立而立人，己欲達而達人。能近取譬，可謂仁之方也已。」（雍也）

二、子路問君子。子曰：「修己以敬。」曰：「如斯而已乎？」曰：「修己以安人。」曰：「如斯而已乎？」曰：「修己以安百姓。修己以安百姓，堯舜其猶病諸。」（憲問）

在這兩段之中，孔子藉著堯舜指點出一個具有完美德性人格的「仁人」，他所當該完成工作內容是無止無境的；但是，一個人要做這種德性完美人格的「仁人」之起點，卻在個人，即「己」處。大學說：「自天以至庶人，一是皆以修身爲本」就是這個意思。論語中也有「爲仁由己」這句話。這裏，進一步我們要問：「這個『己』是從那裏說的呢？」這一個答案只能有一個，那就是要從「心」上說，就是要從「己欲立而立人，己欲達而達人」的「欲」上說。這個「欲」，不是我們平常用來解釋爲人們生物性欲望衝動的欲，而是「意志」，特別是這種要成就一個德性完美人格之「仁人」的意志。這種「意志」不在堯舜處，不在文武處，也不在孔子處，只在我們每個人的「自己」處。而且，也是只有我們自己才做得了主的。

德性成就必以立人、達人、安人、安百姓爲內容；德性成就又必以個人的「意志」爲根本。這便是孔子學術的通內通外，內外爲一而不二的意義。

此外，孔子並藉堯舜指點出這種通內通外的德性人格同時也是徹上徹下通天人而爲一的。天，在這裏，有自然的意義，有絕對的意義。那也就是說，這種德性成就的「仁人」人格，並不是人「故意」做作出來的，而是自然之流行與生息。同時，它也不是人想有就有，不想有便可沒有的，而是非有不可的——人只能在不承認自己是個「人」的時候才能沒有它。因此，人的德性成就，必須省覺到這種程度。這樣的點醒當然是一步提昇，它提昇了人們德性成就的境界。現在，就讓我們看看論語中記堯舜的這句話：

堯曰：「咨！爾舜：天之歷數在爾躬。允執其中。四海困窮，天祿永終。」舜亦以命禹。（堯曰）

「四海困窮，天祿永終」歷來無定解。我們根據其上下文的意思，其義大概當爲在「四海困窮」之時，一個仁人肩膀上的責任是長遠而永久的。天祿，即天之歷數，即今日所謂的「使命」。一個「仁人」必須體會出他的「使命」乃是自「天」而來，不可推卸，無可旁貸，而且必須做到盡善盡美的。堯這樣告舜，舜這樣告禹。這即表示堯舜都有這種自覺；堯舜有這種自覺，我們每一個人也必須有這種自覺。

這便是孔子的敎訓。

這便是孔子的人格。

這便是我們了解孔子應該遵循的軌道與方向。

㈥荀子的書

現在我們所談的「荀子」一書，共有三十二篇。不過，像其他先秦的書一樣，根據近代人的考證，名義上雖說是荀子所著的，實際上卻並不是荀子的原書，乃是經過後人不止一次纂集、增訂而成的——其實，在荀子當時有沒有一本完整的書，也是甚難確定的。在荀子當時應該有些散篇的文章，但不一定就有一本完整的書。一本完整的書，當該是在荀子死後，他一些無虛名而有實學的弟子，纂集整理他已成篇與或未成篇的文章而成的。

這本書，在西漢初年已經是很流行了。他的某些觀點，像對人性與國家政治、經濟的意見，都被西漢儒者引用來做爲他們的主要觀念。也許是因爲他的兩個學生韓非、李斯幫助秦始皇毒害天下太厲害了，所以西漢的儒者們並不以他爲宗師。

第一次把荀子的書加以通盤整理的是西漢的劉向。劉向當時奉朝廷之命整理天下圖書，整理荀子的書只是他工作的一部分而已。這本書被他定名「孫卿書」，共三十二篇。這就是現在我們讀到的這本「荀子」。在這三十二篇之中，有些篇章確可看出是荀子親自著成的；但也有些篇章很顯然並非經由荀子自己著成，並和其他書如禮記、韓詩外傳雷同、重複之處甚多。

「孫卿書」自劉向整理之後，大概是很少人讀過的，頂多有人把它傳鈔起來做爲古董罷了。展轉傳鈔，便不能沒有錯誤。因此，這本書到了後來便很難令人讀得下去。這就需要再整理。第二次整理荀子書的乃是唐代的楊倞。他不僅整理這部書，而且還加以注釋，並定了一個一直沿用到現在的書名——荀子。不過，這本書仍未受人重視。唐、五代實在沒有眞正的儒家學問。

宋朝一開國（西元九六〇年）便注重儒家學問。加以後來程、朱、陸、王號稱「宋明理學」的新儒家學術成立，直到明末（西元一六四二）六七百年間，雖是儒家學問鼎盛的時代荀子卻仍是一直受冷落的。陸象山、王陽明與荀子的思想實是格格不入，固然要冷落他。可是，像程頤和朱熹，實在說來，他們的思想底子可以說根本就是荀子的，也要冷落他。這就有點怪了。這大概是因爲荀子主性惡又太注重國家政治問題之故吧！

楊倞大概是唐武宗時（西元八一四年）人，至清代乾嘉年間（西元一七三六——一八二〇）約有一千年；自荀子本人至清乾嘉年間，約有二千年。乾嘉年間是考據之學鼎盛的時代。考據工作的對象，除了古代的名物制度之外，就是古書的篇章句讀和解釋訓詁了。正因爲荀子書二千年來沒人多大理會，所以問題就特別多。這樣，便提供給考據工作者一個大好用武之地。

清代乾嘉以降對於荀子章句、訓詁的考證很多。後來大多都被清末王先謙收在他的荀子集解一書之中。乾嘉學者確在荀子的章句、訓詁方面替我們解決了不少的問題。所以王先謙這本荀子集解，確是我們要認眞讀荀子之時必須通過的一本書。

可是王先謙這本荀子集解，只是一本辨明章句、訓詁的書，對於荀子的哲學思想，就沒有什麼闡發了。而荀子在我國歷史上正是一位非常了不起的思想家，也可說是哲學家。因此，當我們要認眞地讀荀子之時，除了要弄清楚其中的章句訓詁之外，自然還要弄清楚他的哲學思想。

辨明章句訓詁，有辨明章句訓詁的規矩與義法。

辨明哲學思想，自然也有辨明哲學思想的規矩與義法。

要辨明荀子的哲學思想，除了必須要讀一般哲學思想的訓練與工具書之外，近人牟宗三先生的「荀學大略」是絕對不可不讀的。荀學大略從書名上看雖只是一個「大略」，其實就是荀學之「精要」，乃是荀子哲學思想的神髓。如果這本「大略」通不過，讀荀子是很難得其眞解的。這本「大略」現被牟先生收在「名家與荀子」一書中。當然，一個人如果能把牟先生講先秦名家這部分也好好眞切而有體會地讀一讀，讀荀子就更可順理成章地進入他的學問領域之中了。

二、荀子的眞形象

㈠一位奇特的思想家

荀子，在我們中國思想史的領域中，實在是一位非常奇特的思想家。他這「奇特」，可從兩方面來說：第一是他思想本身的奇特；第二是他在後世所遭遇到的奇特。前者之奇特，是他能獨樹一幟，與衆不同；後者之奇特，是他不僅未得到他應得到的尊敬、重視與傳承，且遭到不應該得到的刻意冷淡與輕忽。這二者，實在是一件事。可是，分別說來，前者是後者的「因」，後者是前者的「果」。前者當由荀子自己負責，後者則必須由後人負責了。

荀子思想的奇特性在那裏？他這種思想的價值在那裏？後人這樣地對待他，後人應負的責任在那裏？這也就是說，對應荀子的奇特性思想，後人的思想弱點在那裏？

在同答這些問題之前，一些基本性的了解是必需的。

我們都知道，在周易繫辭傳中有句話說：「天下一致而百慮，同歸而殊途。」這意思就是說，你不要看在這普天之下有那麼多學術思想的宗派，看上去個個不同，其實它們所要達到的目的却只有一個。當然，這些所謂的學術思想，僅是指那些主要以闡明天道與人生，心靈與生活之眞理爲宗趣者而說的，並不包括通常被我們稱之學術的諸種科學，而相反地却包括通常並不被我們稱之爲學術的各種宗敎。

提起這些包括宗敎在內的學術思想，我們常用被很多人認爲是俗不可耐的却也是絕對眞理的一句話以界定它們的目的，那就是「都是勸人向善的。」這句話不僅引起了幾乎是所有宗敎傳道人與信徒們的反對與卑視，而且也遭到幾乎是所有學術思想工作者的反對與卑視。在這裏，如果我們根據他們對這句話的反對與卑視追問他們一句：「那麼，你們一定是勸人向惡的了！」他們又必異口同聲地反對道：「那當然不是的！」這就很痲煩了。既非勸人爲善，又不勸人爲惡，那麼你們講經、說法、布道、傳教的目的究竟是什麼呢？

於是，我們常會聽到一些基督教信士告訴我們：「我們的目的是在教世人獲拯救，得永生。」我們常會聽到一些佛門弟子告訴我們：「我們的目的是在教人得解脫，證涅槃。」我們會常聽到一些道家之流告訴我們：「我們的目的是教人達到至人、眞人、神人的境界。」我們也會常聽到孔孟之徒們告訴我們：「我們的目的是教人成就其聖人、賢人或君子的道德人格。」

這眞是五花八門，不一而足。面對這麼多的教訓，面對這麼多的目的，做爲一介凡夫俗子的我們，眞不知道究竟該何去何從了。「我究竟要聽他們誰的話呢？」我們實陷入了一個思想信仰的迷魂陣中了。

其實，事態並沒有這麼嚴重。

他們所謂的成就聖人、賢人、君子的道德人格也好，達到至人、眞人、神人的境界也好，得解脫，證涅槃也好，獲拯救、得永生也好，我們都可以用一句很簡單的話來說，那就是成就一個完美的人格。這「完美」其實就是「向善」的「善」，所以完美也就「完善」的意思。在英語中，就是 perfect 那個字所代表的意思。

說到這裏，我們就可以知道，「教人爲善」那句被一些人認爲是俗不可耐的話，也自有它不俗的意義。其實，何止這句話，無論那一句話都是一樣的。用俗眼來看，它都俗；用不俗的眼來看它，它都不俗。孔子有「下學而上達」一句話。即是說「善」有它爲日常生活所限的「下學」的意義，也有它不爲日常生活所限的「上達」的意義。自「下學」而「上達」，就是自俗中見不俗。佛家有眞、俗二諦之說。俗義，就是佛家「俗諦」的意思；不俗義，就是佛家「眞諦」的意思。眞可通俗，俗亦可通眞。天下事物、語言無眞俗，唯人的眼睛有眞俗。能於眞中見俗，俗中見眞，才算具有眞智慧的眞人；否則，只能於俗中見俗，眞中見眞，結果俗固爲俗，眞亦成俗，那才是天下的一品大俗物哩！試問，如果我們純從俗的眼光看來，「勸人爲善」固然很俗，但那些眞人、道人、解脫、涅槃、得救、永生又能不俗到那裏去？

當然，如果我們眞不喜歡「勸人爲善」那句話，我們就說「勸人成就一個完美的人格」總是可以的。這句話總沒有人說俗吧！

「成就一個完美的人格」，說起來很簡單；其實，它可能是我們人類歷史上歧義最多，爭吵最多，也是我們爲之打仗流血也最多的一句話。在我國歷史上，先秦諸子百家的爭吵，唐代儒、釋、道的爭吵，宋明二代程、朱與陸、王的爭吵是爲了它；在西洋歷史上，有名的十字軍大東征，基督敎的新舊之間的爭吵與由此爭吵而導致的戰爭，也是爲了它。這些爭端實有兩種：一在爭論什麼是完美；一在爭論如何能達到完美。兩個問題，在某些方面，是互有牽連而不可分的；在某些方面，是可以很清楚地分開處理的。「什麼是」的答案，可能是一家一個樣子，一人一個樣子，眞是言人人殊，莫衷一是；「如何能」的答案，就沒有這麼麻煩，它只能有兩個。這兩個就是：一在認爲，在我們人類的生命之中，天生便自有一個完美的種子，我們只能由它的成長以成就我們完美的人格；一在認爲，在我們人類的生命之中，根本沒有任何可以屬於完美的東西，我們必須依靠一個外在的完美權威以成就我們完美的人格。前者在佛家叫做「自力敎」，西哲康德所謂「自律道德」就是這個方式；後者在佛家叫做「他力敎」，也就是康德「他律道德」的方式。

從思想史的立場來講，支配西方人頭腦的基督敎便是一種標準的他力敎。基督敎講永生；永生靠得救；得救不能靠自己必須靠「救主」耶穌。這種他力敎發展到中古羅馬敎會便走入極端與任何極端都不免的邪僻之中了。所以，馬丁路德便要求改革。不過，馬丁路德只改革了羅馬敎會的邪僻，並沒有改革了基督敎作爲「他力教」的本質。德國詩人賀德林宣布「上帝隱退」，其意義即在否定現實上一切教會作爲上帝代言人的職分，想以「個人」的身分直接與上帝認同。到尼采乾脆就宣布「上帝的死亡」，直斥基督教爲「奴隸的道德」以建立他的超人哲學。近代存在主義者以「主體性之建立」爲要務，並以「主體性即眞理」爲號召。自然，都是一種「自力教」的思想意識。但不管怎樣，西方總以基督教的他力教爲正宗。

我們中國則不然。先秦諸子的宗派，除法家之外，無論孔孟與老莊，甚至連後來自印度傳來的佛教，都是徹頭徹尾的「自力教」。因此，「自力教」在我們中國的傳統思想學術中。實是主流大宗。法家根本否定人生價值，它並不以每個人成就其完美的人格爲目的，既不能說是「自力教」也不說是「他力教」。嚴格說來，它是「他力」而「不教」。所以，它根本不能進入到這一問題中。在我國的學術思想史中，眞正開始以「他力教」的方式以教人，而且有眞成就的，就是荀子。荀子生於孔、孟、老、莊之後，自稱孔子之徒，且自稱眞傳了孔子的道術。鞭打老、莊，兼及孟子，獨尊孔子，並以之爲宗師，竟對孔子的「自力教」心靈全無體會。力主「他力教」之方式，且眞能講出一大套的學問，這就是他的第一大「奇特」。

他的第二大「奇特」，是他在我國自孔子以降歷來思想家中最具有政治知慧的人物，也可以說是一個唯一具有政治知慧的人物。說到這裏，一定有許多人反對。我們中國歷代的思想家，除了道家者流以外，不是都深具政治興趣的嗎？當他們從政之時不是也把政事處理得很好的嗎？這是事實，不能否認。不過，這些都只能算是行政的運用。漢、唐二代都是運用得很好的；宋、明雖差一點也是尙稱不惡。不過，都不能算是眞正的「政治」。眞正的「政治」，必須是在民族共同生活中建構出一套共同遵守的制度。所以，構造制度的知慧，才是眞正的政治知慧。這方面，周公、孔子以來只荀子有。一般人只見孟子曾說到「民爲貴，社稷次之，君爲輕」那句話便望文生義地說：「孟子有民主政治思想」。其實眞正有民主政治思想的是荀子而不是孟子。孟子道德意識極強，但說到政治意識，他比荀子眞不知還差多遠哩！

荀子思想的這兩種奇特，直接形成他的第三種奇特，那便是他的科學頭腦。近代人一提到我國古人的科學頭腦，便會想到墨子和王充。其實這不是很相應的。王充只能算是一個極簡單的懷疑論者。嚴格說來，他並沒有一個成熟的理論系統；即他的懷疑論也是粗糙得不成系統的。至於墨子，他的書中確有些屬於像今日物理學中的零碎知識，但他根本是個實用主義者。科學當然不離實用，僅實用也並不能知是科學。科學之所以爲科學，必須像政治一樣要有一種系統的知慧。墨子沒有這種知慧，荀子卻有這種知慧。除了這種系統的知慧以外，科學最基本的心態就是以「我」來觀解外「物」的架構形式。這種架構形式的心態在我們中國的學術思想史中恐怕只有荀子才有。

荀子思想這三種奇特在後世都有人承述，可惜皆非「善述」。這是荀子的不幸，是中華民族的不幸；而且在秦代，更是當時天下生靈的不幸。

首先是荀子自己的學生韓非與李斯承襲了他的「他力道德」的觀念方式，一轉而爲法家「他力」而不「道德」的觀念方式。而這「他力」之「他」又是被他們固定在一個黑漆陰暗，反人格、反價值、反道德卻又操著民族集體生活一切權力可以隨時隨意隨便否定任何個人存在的那個大皇帝——秦始皇那裏。這樣，自然流毒於天下。韓非自理論上證成之，李斯自現實上執行之。荀子雖主「他力道德」畢竟也是絕對崇尚仁義道德的，結果竟出了這兩個絕對反仁義道德流毒天下的學生。就思想史的立場來說，這怎能不是一個奇特？

韓非、李斯這兩個學生，給荀子招來的痲煩實在是太大了。在西洋近代史上，很像希特勒之於尼采。二次大戰後，很多人一提到尼采便縐眉頭，與秦以後大家不願談荀子實是同一心理。西漢的兩位政治理論家賈誼與董仲舒，他們的思想底子和努力方向，可說都是荀子的。但是，他們都不肯承認是荀子的學術後裔，都自稱是紹述孔子的。不知是他們故意的違避，還是他們根本未自覺到這一層。但，不管怎樣，這都表示他們不能正視荀子學術的眞價值，所以也不能得到荀子學術之眞精神。否則，以他們個人道德感、使命感、政治意識、歷史意識之高，挾荀子之眞實學術必可有更爲眞實之政治成就。他們以在野之身都曾爲漢帝國之發展指示出朝向眞正理想的方向；漢帝國也曾在他們的指示下作了些朝向眞正理想的改革。他們可說是自秦以後唯一在眞實的政事中起眞實影響的一對眞儒。可惜，一方面因後繼無人，一方面也是他們對荀子的學術沒有眞正的體認與承述，他們的格局實嫌小了；他們並未能給國家政治開出一條具有客觀與永恒意義的軌道來。西漢以後的儒者，在這方面更是不行，只能在狹隘的所謂學術與德性的小圈圈中打轉了。

朱子，在我國學術思想史中，是繼荀子而後的一位奇特人物。他的思想底子和方向，可說完全是荀子的，但却絕對認同孟子，自稱是孟子的學術後裔。他的荀學本質完全是潛存而不自覺的。他是一位標準的「他力道德」主張者，却很巧妙地把孟子「自力道德」的「性善」說運用到他的學術思想中。通常我們一看到他那性卽理，心非理，心性不一的說法都會認爲是一種玄談，其實這就是他「他力道德」的基本模式。在他的理論中，「性」是自天而來的，就是至善、完美或道德，所以「性卽理」；「心」是人的根本，它能知理却不是理，所以「心非理」；天和人是兩層的存在，自然「性」和「心」也是兩層的存在，所以「心性不一」。他這樣雖保著了孟子的「性善」論，却把「善」推到人生命以外的天上去，實際上是陽孟而陰荀。所以他在這「他力道德」處，成了荀子的傳人。

朱子又是一位極具統緒知慧的人物。他的學問，體系完備，卓然成爲近世之大家。他與荀子不同的地方，只在他沒有把他的統緒智慧用在政治上只用在學問上而已。我們可以說，政治上的統緒知慧與科學中的統緒知慧其實是同一個統緒心靈直貫下來不同方向而已。因此，我們如果說朱子的學問實具備了一種科學的形式，並不算是過分的。再說，朱子的「卽物窮理」和他對大學「格物、致知」的解釋方式，也都是我們前面所說「物」與「我」對立架構的科學基本形式。只是朱子把它用在人格道德上，沒有把它用在自然物理上罷了。在這方面，朱子與荀子實無根本的差異。

荀子學術，經過他的學生韓非、李斯的惡意糟塌，至今只成了我國學術思想史的一股暗流。在政治上，賈誼、董仲舒不能正視他；在學術上，朱子不能正視他。連「正視」都不能得到，那就更不必談什麼發揚光大了。荀子學問在我國歷史上的暗而不彰，實是我中華民族發展上的一大不幸。因爲，這代表我國眞正政治思想與科學思想萌芽之枯萎。秀而不實，苗而不秀，已經很值得惋惜了，何況由荀子所代表我國政治思想與科學思想只是一個萌芽，連苗還沒長成哩！

賈誼、董仲舒之不能正視荀子，自是受韓非、李斯藉秦帝國以流毒天下的影響；朱子之不能正視荀子，乃是被荀子「性惡」論嚇着了。因此，講荀子就不能不先講他的性惡論。

(二)荀子的性惡論

一說到荀子，首先使人想到的就是他的性惡論。這正如一說到性惡論，首先使人想到的就應該是荀子一樣。性惡論，就成了荀子的學術「商標」；荀子，就成了性惡論的所有權狀持有人。

荀子的性惡論，誰都知道，是針對著孟子的性善論而發的。孟子和荀子，都是先秦繼承孔子道術的大宗匠。在後世，孟子且被尊爲亞聖。孟子力主性善，荀子力主性惡。究竟是人性是惡的呢？還是善的呢？對這樣的問題我們的態度可有下述二者：

一、這確是一個非常困擾人的問題。

二、這根本是個困擾不著人的問題。

這第二種態度，其實是沒有態度的態度。我們根本不把它當問題。它自然是困擾不了我們的。持這種態度的人最多，幾乎包括全部社會一般人士，也包括絕大多數所謂知識分子與負責國家政治教育的極高層人士。對這一問題持這樣態度的人有一共同的想法，就是：這些問題都是些吃飽飯沒事做的人在那裏瞎胡想出來的。有人主張性善，有人主張性惡。性善也好，性惡也好，我是既都不贊成也都不反對，我只每天吃我的飯，做我的事，追求我的學問，處理我的公務就是了。我是不管這些性善、性惡的閑事的。

這種態度，好像是很輕鬆，其實是極危險的。

危險在那裏？

很難用一句話說出來。

在這裏，我們可以用一個比喻作旁證。對這一個問題持這樣態度的，就好像在選舉中放棄自己選舉權的人一模一樣。別人在選舉日都跑去選舉，天氣不好時還得冒些雨、雪、風、寒，他們只在家裏納福，自然是很輕鬆寫意的。但是在這「輕鬆」中就是隱伏著一種危險。因爲，如果別人選出來一個好的國會或政府，他自然是可以跟著蒙受福利的；如果別人選出一個壞的國會或政府，他能夠輕鬆地說：「這與我毫無關係嗎？」他可以因他未去投票免於這個被別人選出的壞國會壞政府帶給他的壞命運嗎？自然是不能的！

持這種態度的人，面對我們這樣的一個比喻，會很輕鬆而不屑地冷笑一聲，說：「那能有這樣嚴重！」

其實，比這更嚴重到千萬倍。

這道理當然不是三言兩語所能盡的。在以後的討論中，我們會隨時把這種嚴重性解說出來。

現在，讓我們看看那第一種態度。

如果，我們眞能在人性究竟是善或惡的問題中感到困擾，便是一個大好信息。這表示我們把它當作了一個問題，正視了它——它確是一個絕對值得我們重視的問題。

這理由也不是三言兩語所能盡的。我們也必須在以後的討論中漸次地說出。

現在讓我們看看人性究竟是善的還是惡的。

荀子是性惡論的堅決主張者。說到荀子的性惡論，必然會使我們想到孟子的性善論。而且對「性」的這種分歧解釋，不僅在我國學術思想史上是個大問題，就在整個世界的學術思想史上也不能算是小問題。雖然顯隱程度不同，問題總是在的。在我們中國，只要有人講到先秦學術思想或儒家學術思想，都是非要把這個問題拿來「比較研究」一番不可的。這理由很簡單，同一個「性」被同是儒家宗主孔子學術思想的兩大傳人解釋得如此不同，怎麼不是一個引人注意的大好題目呢？

其實，這些所謂「比較研究」，少有不是瞎胡扯的。因爲，只要有人把這問題拿來比較研究，就表示他根本沒有進入到這問題的本身中去；他只是浮光掠影地，望文生義地咬文嚼字而已。一切的學問，都壞在這種咬文嚼字上了。你說他不通嗎？他字字都說得有根有原；你說他通嗎？他根本連這個問題在那兒還不知道哩！所以，明朝末年有一位大儒劉宗周念台先生就曾很感慨地說道：「今人讀書，只爲句句明白，所以無法可處；若有不明白處，便好商量也。然徐徐而叩之，其實字字不明白。」「無法可處」就是今天口語中的「拿他沒辦法」。他的意思就是說，讀書只以爲自己句句都明白了。對於這些人，聖人也拿他沒辦法。但是如果有人肯講自己有不明白的地方，那就好辦了。至於那些自以爲句句都明白的人眞地是明白了嗎？十分不一定。如果他能給我們一個機會讓我們按部就班地慢慢追問他一下，到最後他只能證明他是根本連一個字都不認得的。

「性善、性惡」的問題便是如此。

這問題只包括三個字性、善、惡。這三個字，無論程度多差的小學畢業學生都一定能認識。眞能認識嗎？不見得。非但小學畢業的小朋友不見得就認識，那些動輒就拿荀子性惡孟子性善來「比較研究」，一寫就是洋洋灑灑數萬或數十萬言大文大書的學者專家認識嗎？也是一個不見得。可能根本就是不認識。因爲，如果他們眞認識，他們就不來「比較研究」了。

荀子的「性惡」和孟子的「性善」是不能「比較」來「研究」的。

爲什麼？

因爲荀子的性惡與孟子的性善，在荀子和孟子的學術思想中，根本不是同等級的觀念。

「性善」，在孟子的學術思想中，是一個不可替代的根本原則。孟子所有的言語，都是根據它而說出來的。如果把這「性善」的觀念從孟子的書中抽取出來，孟子的教訓就沒有一句不是廢話的。不僅孟子的學問全是以性善爲根本；它也是我們每一個人成就我們完美人格的根本。在孟子看來，要成就一個完美的人格，並不是一件很困難的事，只要好好存養，擴充這個「性善」就可以了；沒有這個「性善」，一切朝向這個完美人格的努力都是白費的，而且我們憑什麼知道那個「完美」是完美的呢？

「性惡」，在荀子的學術思想中，根本就沒有這種重要性。它沒有資格作爲荀子學術思想的一個不可替代的根本原則。如果從荀子的書中抽出「性惡」一觀念，不僅其他各篇都可照樣成立，就是「性惡篇」本身也不必塗掉幾句。荀子學問的目的，同孟子一樣，也是要人們成就一個完美之人格的。當然，他不能像孟子一樣，以「性惡」爲這種成就之根本。他另有根本。他的根本就是他念念不忘的「先王之道」。他要人們用「先王之道」來變化人們這種他所謂的「性惡」之性，以使之成爲「善」，成就一個完美的人格。

現在的問題是，這性「惡」之性如何被先王之道一變就能變成「善」了呢？那性惡之「惡」又跑到那裏去了呢？

原來荀子所謂的「性惡」只是他一句嚇人的話，誇張之辭。在他眞正的了解之中，「性」既無孟子所謂的「善」，也無他自己所謂的「惡」，完全是中性的。他這種眞正的了解也許他自已都不能自覺，正好像朱子不能自覺爲荀子的學術後裔一樣。性就好像一堆泥巴一樣，如果我們把它塑成觀音菩薩、關聖帝君，它就代表善，它就成了爲萬人膜拜的對象；如果我們把它塑成夜叉魔鬼，它就代表惡，它就成了人們厭惡的對象。泥巴本身無所謂善惡。我們又都知道杭州西湖岳武穆祠前有一對用生鐵鑄成的秦檜夫婦跪像，凡去參拜岳王的人無不對之咒罵不已。我們能說那生鐵就是「惡」的嗎？據說那祠中岳飛的像是用檀香木雕成的，那座像是要受千秋萬代中華兒女衷心致敬的。我們能說那檀香木就是善的嗎？當然，統統都是不能的。檀香木、生鐵、泥巴，都無所謂善，也無所謂惡，只是中性的材料而已。

在荀子眞正了解下的人性就是如此。

固然，荀子處處強調性惡，這是不可否認的。但強調歸強調，事實歸事實。事實永遠是事實，它不會因爲強調而有任何改變的。就強調來說，荀子對性惡之強調，可謂到了極點。他說：「人之性惡，其善者僞也。今人之性生而有好利焉，順是故爭奪生而辭讓亡焉；生而有疾惡焉，順是故殘賊生而忠信亡焉；生而有耳目之欲有好聲色焉，順是故淫亂生而禮義文理亡焉。然則從人之性，順人之情，必出於爭奪，合於犯分亂理而歸於暴。……用此觀之，然則人之性惡明矣。」

他這裏所謂的僞，請不要誤會，絕不是今天作爲駡人用時的「虛僞」之「僞」；而是「人爲」的意思。虛僞與實在相對，人爲與自然相對。比如天空中環繞地球運行的月亮是地球的衞星，它是自然形成的不是那個人或那些人製造而成的；可是，人類運用強力火箭推到天空中環繞地球運行的衞星就完全不同了，它是人造的 man-made 故稱「人造衞星」 satellite。月亮這個衞星不是 satellite ，是自然的，所以不能稱爲 satellite 。這 man-made 一字，就是荀子所謂的「僞」。在荀子認爲，人性本來是惡的，它所以也能成就善的行爲，完美的人格，就是因爲加上了這「人爲」的因素。故曰：「人之性惡，其善者僞也。」可是，這「人爲」的因素是什麼呢？在荀子就是「先王之道」，也就是先王所制定的「禮義」；我們人必須「師法」這種爲先王所制定的禮義，才能使我們這「性惡」之性成就善、成就道德、成就一個完美的人格。否則僅憑性之本身那是絕對不行的。所以，「性不能自善。」不僅不能自善，而且還是自惡的。

所以，荀子接着又說：「故枸木必將待檃栝烝矯然後直，鈍金必將待礱厲然後利，今人之性惡，必將待師法然後正，得禮義然後治。今人無師法則偏險而不正，無禮義則悖亂而不治。古者聖王以人之性惡，以爲偏險而不正，悖亂而不治，是以爲之起禮義，制法度，以矯飾人之性情而正之，以擾化人之性情而導之也，始皆出於治，合於道者也。」

這就是說明，人性是不能自善的，必須靠「師法」、「禮義」才能爲善。師法、禮義都是人爲的非天生自然的。師法、禮義都是先王所制定的。這些先王能制作出來一套師法、禮義使人們性惡之性成就善，成就道德，成就完美人格，甚至完美的社會。這是很知慧而偉大的，故荀子美之曰「聖王」。人生與社會的完美，都是非要靠這些聖王制作的禮義而不可的。所以，在荀子以爲，像孟子那樣說人生而性善，一切仁義禮知都是自我們性分中自然長出來，那是完全不合於事實的。

因此，他批評孟子說：「孟子曰：『人之學者，其性善』。曰：『是不然：是不及人之性，而不察乎「性」、「僞」之分也。凡性者，天之就也，不可學不可事；禮義者，聖人之所生也，人之所學而能所事而成也。不可學不可事而在人者謂之性；可學而能可事而成之在人者謂之僞。是「性」、「僞」之分也。今人之性，目可以見，耳可以聽。夫可以見之明不離目，可以聽之聰不離耳。目明而耳聰不可學明矣。孟子曰：『今人之性善』將皆失其性故也。」

「故」，就是事物的本來素質。荀子以爲，孟子說性善是根本不懂性之所以爲性的本來素質。這原因全在孟子不懂「性」與「僞」的分別。凡是由自然而生，不經由學習而得來，也不經由努力而得來的，叫做「性」。凡是經由學習而得來，經由努力而得來，不是自然而生而由人製作出來的，都叫做「僞」。在荀子以爲，惡是由性之自然而生的，善是由人的作爲而成的。誰作爲善？就是古代的聖王。在他看來，孟子全不懂這性、僞之分別，以「僞」爲「性」，故不知「性」。

爲了證明這一點，荀子又說：「今人之性，飢而欲飽，寒而欲煖，勞而欲休。此人之性情也。今人飢，見長者而不敢先食者，將有所讓也；勞而不敢求息者，將有所代矣。夫子之讓乎父，弟之讓乎兄；子之代乎父，弟之代乎兄：此二行者皆反於性而悖於情也。然而孝子之道，禮義之文理也。故順情性則不辭讓矣；辭讓則悖於情性矣。用此觀之，則人之性惡明矣。」

荀子在這裏雖然仍舊以堅定的口吻強調他那「則人之性惡明矣」的結論，但是，如果我們肯稍微留意一下，我們就會發現他已經從他性惡論的立場上溜滑下來了。「飢而欲飽，寒而欲暖，勞而欲休。」這確可說是人之性情。因為，這些都是「不可學，不可事而在人者」之「天之就也」的東西；都絕對不是由那個「聖王」發明制作出來的東西。但是，這都是屬於我們今天所謂生物學的本能，都是由自然生命而來的。自然生命是無窮的複雜與神秘，由之而來的生物學本能也是個無窮的複雜與神秘。這些無窮複雜與神秘的生物學本能有的已為我們所知道了，有的尚未被我們所知道。不管為我們所知道或尚未為我們所知道，它們既不能是所謂「善」，也不能是所謂「惡」，非善非惡，只能是我們前面所說的「中性」而已。再說，這些屬於生物學本能的「性」，有些是子弟可以依照「聖王禮法」辭讓替代於父兄的。所謂「有事弟子服其勞，有酒食先生饌」；可是，有些是根本無此辭讓與替代之可能的。父兄心臟停止跳動了，做子弟的能把自己的心臟跳動讓給父兄嗎？父兄老病疾痛，其苦萬狀，做弟子的能替代得了嗎？不能替代辭讓，就能說是「惡」嗎？但，荀子却一定堅持強調：「由此觀之，然則人之性惡明矣！」

照荀子所說，聖王的禮義法度是善的，人的性是惡的。善的當然就是好的，惡的當然就是不好的。既是不好的，既是惡的，我們不要它好了：只要合乎聖王的禮義法度就可以了！照理，這不僅本來是可以的，而且絕對是當該的，但事實上却是不可以的，而且是絕對不可以的。誰說不可以？也是荀子說的。他說：「性者本始材樸也，僞者文理隆盛也。無性則僞無所加；無僞則性不能自美。性僞合然後聖人之名一，天下之功於是就矣。故曰：天地合而萬物生，陰陽接而變化起，性僞合而天下治。」這是荀子禮論篇中的一段話，其目的在說明「禮」與「性」之關係。在這一段前，我們所節引的都是荀子性惡篇的話。在性惡篇全篇之中，荀子一而再，再而三，三而無數次地藉種種例子以強調他「人之性惡明矣」的結論。可是，除了他說性是由天而生「不事而自然」之外，他並沒有給「性」下一個確切的定義，並沒有告訴我們究竟什麼叫做「性」。有關荀子對「性」直接下的定義，乃見之於荀子正名篇中。正名篇說：「生之所以然者謂之性」。生之所以然者謂之性，就是說自然生命的本身就是性。自然生命，就是人之動物學的生命。每人都有一個動物學的生命，如果沒有這個動物學的生命，人就不成爲一個人了。所以，照荀子所說，這個性雖然是「惡」，也是不能去掉的。

這個「生之所以然者謂之性」的性，照我們前面所說，既不能說善，也不能說惡，只是一個中性之自然。但它也可以成善，也可以成惡。至於怎樣成善，怎樣成惡，就看人怎麼處理它了。正好像一堆泥巴一樣，它只是一堆材料，既不能自成爲觀音菩薩的善，也不能自成爲夜叉魔鬼的惡；必待人把它放在觀音菩薩的模型中，它才能成爲善；必待人把它放在夜叉魔鬼的模型中，它才能成爲惡。荀子說：「性者本始材樸也」。這是對的，性就是一堆材料。荀子又說：「無僞則性不能自美」。其實，無僞性也不能自惡。塑像工匠無論手藝多好，沒有泥巴作材料，他也塑不出任何神像來。荀子「無性則僞無所加。」就是這個意思。「巧婦難爲無米之炊」，道理也就在此。所以無論荀子怎樣強調性惡，我們只不理他算了。由他「生之所以然者謂之性」與「性者本始材樸也」兩句話來說，性只是「中性」的。

荀子說：「性僞合然後聖人之名一，天下之功於是就矣……性僞合而天下治。」這些話看起來是非常難懂的。其實也很容易接受。現在，讓我們借用西哲亞理斯多德氏的四因說 theory of four causes 加以說明。

一、材質因 material cause，指構成一物一事的具有實質性的 substantial 的材料而言。如建築房子時的水泥、鋼筋、磚頭等等。這些東西只是一堆材料，本身不具備「形式」。在這裏也許有人說。水泥固可說是無形式的，鋼筋和磚頭不是自有它們的形式嗎？依亞理斯多德，這並不成問題。以磚頭來說，泥巴是磚的材料，磚是房子的材料。說磚本身不具備形式，是說一堆磚本身不具備房子的形式，它只是一堆材料。就一塊磚來說，它當然具備它作為一塊磚的形式的。鋼筋也是如此。

二、形式因 formal cause，指一物一事的樣子或構造計畫而言。如建築房子時的藍圖，和這房子的實際構造間架即是。

三、主成因 efficient cause，指在一物一事之構成中把形式加在材料上的力量而言，如建築房子時的營造廠商或參加實際建築工作的工匠。

四、目的因 final cause，指一物一事之構成中，我們必使這一事一物成為盡善盡美，這「盡善盡美」就是這一物一事的目的因。就建築房子說，「住起來舒服」就是建築房子的目的因。

在這四因之中，就一事一物來說，通常是只重其材質因與形式因，對其主成因與目的因，我們是略而不論的。譬如，在百貨公司中看到一件衣服，我們所重視的就是它的料子和款式——即它的材質因與形式因——不問它的縫製人與是適合我們身材與否的——即它的主成因，與目的因。那件衣服自然不會是比着我們的身材來做的。

就材質因與形式因來說，荀子所謂的「性」就是個人成就一個完美的人格，羣衆成就一個完美社會的材質因；荀子所謂的「文理隆盛」之「偽」就是個人成就一個完美人格，羣衆成就一個完美社會的形式因。所以，「無性則僞無所加，無僞則性不能自美。性僞合然後聖人之名一，天下之功就矣。」

荀子旣強調性惡又強調這「性惡」在成就個人之善與社會之善中作爲材質因的必要條件之重要性。「無性則僞無所加」，卽是說，如果沒有「性」則聖王的禮義法度只是一種空洞的道德語言，空洞的道德概念；不是具體的道德人物或道德事實。王陽明說「良知必須在事上磨鍊」卽是這意思。離開事而講良知，那只是良知的影子不是良知的眞實。只把良知的影子拿來講來講去，寫來寫去，就叫做「玩弄光景」，那只是良知的影（光景）子而不是眞良知。

由此我們可以說，荀子雖然一而再，再而三，三而無數次地強調性惡，也只是「強調」而已。凡一切「強調」都是與「眞實」有距離的。荀子言性的眞實意念，正如我們前面所說，旣非善的亦非惡的，而是非善非惡之中性的。荀子一生在這裏沒有自覺。實在是一件值得我們深深爲他惋惜的事情。

這種具有「中性」性質的「性」，本身旣非惡的，亦非善的。我們如果想拿它爲「材料」以成就「善」——個人人格之善，社會政教之善——就非外加上一種善的「形式」不可。因爲「無僞則性不能自美」。材料永遠只能是材料。它確有成爲一事一物的潛能性 potentiality，但也只是一個純粹的潛能性 pure potentiality 而已。泥巴永遠只是泥巴。它確有成就一塊磚的潛能性，但只是一個純粹的潛能性，不是現成的一塊磚。如果我們要使這一堆只具有成爲一塊磚的純粹潛能性的泥巴成爲眞正的一塊磚，我們就必須把這堆泥巴放在磚的模型中。這「必須」是絕對的。同樣，如果我要使只具有成就「善」之純粹潛能性的「性」成爲眞正的善人善事，我們就也必須把它放在「善」的模型中。

這便是佛家所謂「他力敎」，康德所謂「他律道德」的典型方式。依康德，一切方式的「他律道德」都不算是自己的道德人格；自己的道德人格必須在「自律道德」的方式中完成。依佛家，一切方式的「他力敎」不是不能講，而是不能當眞講。因爲，一切方式的「他力敎」都只能是「方便敎」、「權敎」，不是「究竟敎」，「實敎」；「究竟敎」、「實敎」，必須在「自力敎」的方式中完成。在孟子，並且預言這樣的「他力敎」，「他律道德」不僅不能眞正地成就像荀子所說的道德人格、完善社會，且必然地將造成社會與社會每一成員的災難。

(三)韓非、李斯——荀子性惡論的必然災難

一般人提到韓非、李斯時，總要說他們是荀子的叛徒。這一個說法是甚有問題的。「叛徒」的意義，當該就是「反其道而行之」；如果說是「順其道而行之」我們就不說是「叛徒」了。再說這「順」、「反」之間，也甚難確定。譬如，在西洋史上，馬丁路德說羅馬敎皇是基督的叛徒，羅馬敎皇說馬丁路德是基督的叛徒。究竟誰是叛徒，誰不是叛徒，我們也是很不容易在他們的爭吵中得到一個圓滿的答案的。在我們中國的歷史上，孟子自稱得了孔子之眞傳，荀子却說他是孔子的叛徒罪人。到了宋代，朱子說陸象山兄弟是孔子敎訓的叛徒，陸氏兄弟也說朱子是孔子敎訓的叛徒。如果我們也把我們的心思陷入他們的爭吵中，我們也很難在他們的爭吵中得到一個定論。韓非、李斯究竟是否荀子的叛徒，同樣也是一個不容易論定的問題。

有人說韓非、李斯是荀子的叛徒，自有其理論根據。

但我們這裏說韓非、李斯確得了荀子學問某方面的眞傳，也是千眞萬確的事

實。他們實在都是荀子性惡論「他力教」的眞傳，而且「發揚光大」之，造成了有秦一代塗炭生靈，流毒天下的災難。很不幸地證實了孟子的預言。

在孟子時代，並沒有荀子的性惡論，當然更沒有像韓非、李斯這樣對性惡論的「發揚光大」，但是，孟子對這種性惡論，他力教的理論與實際所必然造成的災難已肯定地指出來了。

孟子時代雖然沒有像荀子所強調的性惡理論，而荀子這種性惡論的實質理論已經完全形成了。那便是告子的「性無善無不善」論，「性可以爲善，可以爲不善」論。這就是我們前已說過的「性」的中性論之典型。孟子道性善，告子是堅決反對的。在告子認爲善與不善都是自個人行爲對社會的影響處看的。「性」本身無所謂「善」，也無所謂「不善」，根本是中性的；正因是中性的，所以，它既可以作爲「善」的材料而爲善，也可以作爲「惡」的材料而爲惡。人的善與不善，不是先天而生的，而是後天學習而能的。這完全就是荀子學術思想的先導，而且也是荀子學術思想不自覺的根據。現在，讓我們對告子的重要言說條述於后，並略加按語以見其作爲荀子思想先導性、與孟子預見此種思想將形成災難之必然性。

一、「生之謂性」——這是告子的話。「生」就是生命，生命就是性。生命，就是自然生命。人的自然生命，就現象來說，渴思飲，饑思食、勞思休。這都是天生而自然，不是人的故意作爲。在荀子這就是他所謂的「不事而自然」。「事」，就是人的故意作爲。不過，荀子在這裏說惡，告子在這裏說無善無惡。荀子說性惡，我們說過，那僅是一種非事實的強調，在他不自覺的理論根據上，也是無善無惡的。所以，他又說「生之所以然者謂性」。「生之所以然者謂性」，不就是和「生之謂性」完全是一對同義語嗎？

二、「食色性也」——這也是告子的話。照「生之謂性」說，自然生命就是性。人確是一種具有自然生命的存在。自然生命，其實就是生物學的生命。任何稍有生物學常識的人都可以知道，在生物學中，學者們所說生命的特質只有兩個：一是生長，二是生殖。生長，是個體生命的本質；生殖，是羣體生命的本質。生命的這兩種本質，表現在生命之衝動中的就是食欲與性欲。這是生命的兩種基本欲望，表現在日常生活中的事實便是「食」、「色」二者。這是一個不可置疑之事實，任何人都是非承認不可的。所以，禮記禮運篇就說：「飲食、男女，人之大欲存焉。」「大欲」之「大」，並不是大小比較之大，它乃是絕對的、自然的、天生的、不可否認的……等等形容詞的綜合代用字。

告子這兩種說法，其實只是「生之謂性」一句話。只「生之謂性」就已有「食色性也」的意義了。對於告子的這種論「性」方式，在歷史上除宋明二代外，是普遍受歡迎的。自兩漢、魏晉與民國以來的這幾十年中，一般人一講到「性」，差不多都採取告子這方式的。有些自命爲「孟子之徒」的人們表面上不敢講，私下裏還不是常說：「還是告子對。就是食色性也。」可見這是一個非常容易被接受的說法。

但是，孟子却堅決反對。

孟子之反對是根據他一個基本的理念：人是一種生物學的存在，却不僅是一種生物學的存在。人確有同於其他生物的生命本質。可是正因爲這種生命本質是同於其他生物，而非人所獨有的，所以它不能稱爲人之所以爲人的本質——卽「人性」。人之所以爲人，自有其獨特而絕異於其他生物的本質，「人性」只能在這地方講。人類同於其他生物的生物學本質，在孟子看來，那是人類的「小體」；爲人獨有而絕異於其他生物的，在孟子看來，那是人的「大體」。他這裏所謂的「大」、「小」，是不能以「量」的概念來了解，乃是一種「質」的意義。「大」就是「眞實的」，「小」就是「非眞實的」。人同與其他生物的生物學「小體」，孟子以人之「耳目之官」來代表；爲人所獨有而異於其他生物的「大體」，卽孟子所謂的「心官」。這「心官」便是人之所以爲人的眞實之體，「耳目之官」自然就是人之所以爲人的非眞實之體了。所以，同一「官」字，同一「體」字，我們絕對不能把它們擺在同一層次上來了解。而且，這「心官」之心也不能用現在心理學的意義，而當由心靈 mind 或 spirit 之意義來把握。

所以，照孟子的了解，人有兩重生命，小體的生物學生命，大體的心靈生命。「性善」乃是從大體的心靈生命而說的。因爲，心靈生命不僅是人的眞、善、美價值判斷的標準，而且是人的眞、善、美價值生活之根原。人在以心靈生命爲主宰之下，卽可帶動生物學生命作具有價值意義的活動，生活之內容卽具有價值之意義。這就是孟子所謂的「從其大體爲大人」。大人，就是眞實的人。否則，人只是以其生物學生命之活動爲活動，生活之內容便完全不具價值之意義。這便是所謂的「從其小體爲小人」，就是非眞實的人。

所以，講人性必須從可作爲價值判斷之標準，可作爲價值生活根原之唯人所獨有的心靈生命處說。在這裏，一定是「性善」的。如果在這裏完全無體會，只從人之與其他生物的完全相同的生物學生命處說人性，只從渴思飲，勞思休與食欲、性欲等生物學之本能處說人性，自然是不必也不能說性善的。如果我們不把他們各自體認的「性」之實體弄淸楚，只在字面上論辯「性善」、「性惡」、「性無善無不善」，便是非常無意義言辭浪費。

進而言之，假定我們能順着他們的言辭論辯進入他們各自對性之實體之不同體認中，我們就會發現，他們這些論辯並不僅是一個學術思想是非的問題，而是與我們個人生活、社會生活之尊嚴幸福與否具有眞實而內在關係的問題。能肯定性善，則人格價値，人格尊嚴才能保得住，個人生活、社會生活才能眞正成爲「人」的生活；否則，照告子、荀子所講，不唯人格價値，人格尊嚴根本不能講，且個人生活、社會生活都將會陷入一種「非人」的災難中。這，我們可由告子的另一句話看出。

三、「仁內也，義外也。」——這也是爲告子所講爲孟子所堅決反對的一句話。在告子這句話中，「仁內」是襯語，「義外」是主語。這裏所謂的「仁」，就是一般所謂的同情心，愛心或好心，不能用論語中言「仁」的方式來了解。這裏所謂的「義」，就是行爲的軌範。告子的眞正意思，就是成就道德必須依照我們前面所說的「他力教」、「他律道德」的方式。「愛心」既是「心」，自然是人自身生命以內的東西，但僅有愛心並不能算是道德成就，道德成就必須自道德行爲之成就處說；行爲也是人的自然活動，要使這種自然活動成爲一種道德行爲，就必須把它放在一種道德軌範中——這種道德軌範是人生命以外的東西。

順着告子「生之謂性」，「食色性也」的規定，人的道德人格之成就必然是這種「仁內義外」的方式。他這「仁內」同「食色性也」一樣，乃是自生物學生命發生出來的一種心理傾向，是屬於近代生物學的心理學 biological psychology 的東西，不是屬於心靈 spirit 的東西。凡一切屬於生物學生命內容的東西都是僅具「材質」意義的東西，本身絕不能兼具「形式」意義。所以，他說「仁內也，義外也。」

我們都知道，孟子是堅決反對告子這種說法的。孟子力主仁義皆爲內在的，並肯定地講告子的這種方式是「戕賊人以爲仁義」，並直斥告子曰：「率天下之人而禍仁義者，必子之言夫！」「禍仁義」，就是使仁義成爲一種災難。韓非、李斯挾秦始皇之力以流毒天下，塗炭生靈，正好應了孟子這兩句話。

孟子只這麼講依告子之道必定是如此，並沒講爲什麼必定是如此。而且，孟子與告子之間的直接間接辯論的意義，有些地方也並不是很容易把握的。今依孟子之意，參酌歷史發展之事實與其他相關之學說，對依告子、荀子之道發展以至於韓非李斯而終禍亂天下，災難無數生民之必然性條述如後：

一、現在一般做歷史工作的先生們，都不願講歷史之必然性，以爲歷史都不過是些偶然事件的綴合而已，那有什麼必然性呢？這從事件上看來是沒錯的。歷史上之出現桀、紂、文、武、孔子、孟子、蘇秦、張儀、告子、荀子、韓非、李斯、秦始皇，和他們的平生事蹟都是偶然的，如果一定要在這裏講必然，那就是「非愚則誣」。可是，任何事件的背後都是有個道理存在著的。往正面講，如大厦之將成，並不就在一塊磚一片瓦之偶然中成就的，它乃是依理而成的。這理，就是設計師的藍圖。再說，設計師的藍圖，也不是隨便亂畫的，它必須以物理學、幾何學等的定理爲根據。定理，就是必然之理。這是任何人都能承認的。再從負面講，如大厦之將傾，或大厦之正傾，表面上看來，那些磚頭瓦塊都是亂七八糟毫無秩序地往下落的。這當然是沒有一個藍圖爲依據的。其實，這些磚頭瓦塊之下落，雖無藍圖爲依據，也不是「亂」落的，也是按照一種一定的道理而落的。這道理，平常我們都是看不見的。我們看不見它，並不等於它的不存在。這個道理也是必然的，因爲凡「道理」都是必然的。東周五百二十年，尤其春秋中葉以後的三百年間，就是一個大厦將傾之勢。表面上是一團糟的偶然，其實也有一個非如此不可的必然道理存在。孟子就看到這個必然。自告子、荀子而至韓非、李斯便證實了孟子所預言的必然發展。

二、物質本身無發展且不具備任何形式。所以，要「物質」成爲一件「物品」，就必須給它外加上一個形式。但生命就不一樣了。生命本身是一個發展，它要發展而成的形式，不在別處，就在生命之自身中，如果一定要給生命外加上一種形式，就是對生命的一種戕賊，一種災難。譬如一棵榕樹種子，看起來小小的，實在其中不僅含有一棵大榕樹的生命「本質」，而且也含有一棵大榕樹的一定「形式」。每棵榕樹的形式不一定完全相同，但總是「榕樹的」，不能是「駱駝的」、「大象的」、「河馬的」。如果有人一定要把「駱駝的」、「大象的」、「河馬的」形式外加到榕樹身上，使榕樹喪失榕樹的形式，那麼這外加上的諸形式對榕樹來說就是孟子所謂的「戕賊」、所謂的「禍亂」了。

人是一種生命的存在，不是一種純物質的存在。把生命存在的人當純物質的存在來處理。告子和荀子，在這最基本處就錯了。

三、佛家說「他力敎」只是方便權敎，不是究竟實敎；只有「自力敎」才是究竟實敎。康德以爲「他律道德」之他律不管來自何處（包括上帝處）都不能算是眞道德；眞道德必自「自律道德」處說。他們的理由之一就是形式不能改變本質。眞佛與眞道德，都是要從本質處說的，只具形式是不行的。告子與荀子都是只從外在的形式上說「善」；只是一個形式的「善」，如何能是眞善？所以，眞善也必須具有善的本質。從生命處成就善是如此，從物質處成就一物也是如此。成就一個磚，不能只靠磚的「形式」，「材料」的本質必須也是「磚的」才行。告子、荀子都是只強調善之形式之重要，忽視、否定善之本質之重要性的。

不唯外在的善之形式不能使人成就善，卽外在的善的實體如聖王、佛陀、上帝，不管人對於他們是多麼地仿效、皈依、信仰，終久也是他們自「善」他們的，人自「不善」人的。他們的善永遠不能成爲人的善。告子、荀子以及後來的朱子、佛家的淨土宗與基督敎之不通卽在此。所以，孟子一定要批告子；陸象山、王陽明一定要批朱子；禪宗一定要講「自性佛陀」與「本心淨土」；康德一定要講「自律道德」；尼采一定要宣布「上帝之死亡」罵基督敎爲「奴隸的道德」而講「超人」；其原因皆在於此。

四、人之眞實卽生命之眞實，人之道德成就之眞實亦卽生命之眞實。除生命之眞實外，沒有任何道德成就可以稱之爲眞實的。所以，道德必從生命處講。從生命處講的道德，卽平常被我們用俗了的「德性」二字之眞實義諦。它旣是道德成就的材質因，也是道德成就的形式因。它不能像告子所講那樣只是一個材質因，要待一個外來的形式因來成就它自己。任何外加在它之上的形式因，對它來講，都是一種戕賊、災難。

佛家說佛性有種子義與體段義，即是說佛性既是人成佛的材質因，也是人成佛的形式因。「德性」與人的道德成就之關係亦復如是。這是一個具有絕對重要性的基本肯定，其間沒有任何討價還價的餘地。因爲，材質因與形式因雖同爲事物成就之必要條件，在敍述上也是爲我們所並列而言；可是，它們的性質並不相同。材質因雖爲事物之實體條件 substantial condition，但在事物之構成中却是被決定的；形式因雖爲事物之非實體性條件 insunbstantial condition，但在事物之構成中却是一個「決定的」因素。生命，無論是生物性的或是心靈的，都不能是被決定的；它必須是自我決定的，它必須是自備形式因且就依照它這自備的形式因來決定其自己的。

因此，當告子以其「仁內也，義外也」的理論爲基礎說：「性，猶杞柳也；義，猶桮棬也。以人性爲仁義，猶以杞柳爲桮棬也。」孟子馬上就反應給他：「子能順杞柳之性以爲桮棬乎？將戕賊杞柳而後以爲桮棬乎？如將戕賊杞柳而爲桮棬，則亦將戕賊人以爲仁義歟？率天下人而禍仁義者，必子之言夫！」

果然，自告子而荀子，自荀子而韓非、李斯，果挾秦始皇之暴力而荼毒天下，戕賊人民。這對孟子來說，雖是一個事之未然，却是一個理之必然。這也是一切「他力教」、「他律道德」之必然結果。

說到這裏，也許有人會問：「爲什麼這種他力教在告子、荀子身上並未產生災難呢？即令韓非也並沒有造成災難呀！」

這個理由很簡單：第一，告子，尤其荀子本身具有高度的道德感受與道德知慧；第二，他們都能肯定別人的道德成就；第三，他們的「他力教」之「他力」都不在一個或一羣現實人身上；第四、他們能尊重人要不要遵行他們這種「他力教」的自由意志；第五，在人不要接受他們這種「他力教」時，他們並沒有剝奪人財產與自由的權柄與意圖，他們並沒有摧毀人生命與生活的權柄與意圖。

這是告子、荀子「他力教」未親身造成災難的原因，也是其他「他力教」未造成災難的原因。朱子本身就未形成災難，淨土宗和尙們也未造成災難，摩西、耶穌也未造成災難。摩西有造成災難的權柄而無此意圖，耶穌既無此意圖也無此權柄。耶穌說：「我的國在天上。」在這方面是極有深意的。爲基督教所形容的地獄中的災難是極殘酷不能忍受的，但基督教的「判斷」與「懲罰」都是在人死後由上帝主持的。但「死後災難誰管得」！只要在現實上沒災難就好了！

佛家有「法病」、「人病」二語。這些人本身未形成災難，只是他們的「人」沒有「病」而已；他們的「法」還是有「病」的。所以，中古羅馬教皇與教會對人形成的災難，摩西、耶穌應負「立法」責任；明、清專制皇帝那「吃人的禮教」對人所形成的災難，朱子應負立法責任；李斯與秦始皇荼毒天下，戕賊生民的災難，告子、荀子應負「立法」責任。自然，以李斯、秦始皇的災難來說，韓非所負的「立法」責任尤其重大而直接。從摩西、耶穌到中古羅馬教皇、教會，從朱子到明清的「吃人的禮教」，從告子、荀子到韓非、李斯、秦始皇，是一個必然的理之發展。這些人物之出現於歷史之舞臺上，當然都是偶然的；他們所作的事情僅從事件看來也都可以就是偶然的；但是，他們所作的事情之背後所隱伏的道理却絕對是必然的。

古人有「意見殺人」一語。意見，就是近代所謂的思想觀念。韓非的思想觀念，本來就是殺人的。所以，李斯、秦始皇乃用之以荼毒天下，戕賊生靈，並不足爲奇，也不足爲責。但是，像告子、荀子、朱子、摩西、耶穌這些賢人、君子、聖人之倫，他們不僅無意於殺人而且都以勸人以仁義，給人以救贖，以眞理活人的愛心悲懷；結果，就在由他們這愛心悲懷所凝結而成以活人爲目的的「眞理」之中，却隱伏了一種必然「殺人」的思想觀念因子。

思想觀念的問題，誰能說只是些書生的學術遊戲與我們日常生活毫無關係呢？

四荀子性惡論之檢討

荀子性惡論之必然災難，已如上述。現在，我們當該對荀子性惡之正面價值作一檢討。荀子性惡論本身，並不可能有正面之價值；而且，就荀子學術本身來說，「性惡」云云只是「性無善無惡」一觀念之誇大而已，本身就是一個不相應的名詞。我們這裏的討論，只是想將他這個題目對「他力敎」的價值做一個正面評估而已。在古今中外，旣有那麼多的聖賢哲人主張它，就必定是有它的價值的。

「他力敎」作爲一種成德方式來說，不僅是不可避免的，而且也是必需的。論語顏淵篇有：「顏淵問仁。子曰：『克己復禮爲仁。一日克己復禮，天下歸仁焉。爲仁由己，而由人乎哉！』『請問其目。』子曰：『非禮勿視，非禮勿聽，非禮勿言，非禮勿動。』顏淵曰：『回雖不敏，請試斯語矣』。」從這裏我們便看到已有一個「他力敎」的方式了；從這裏我們便可看到荀子與孟子學術思想不同之根本了。

所謂「克己復禮」就是一種他力敎；所謂「爲仁由己」就是一種自力敎。荀子承述於孔子的，就是孔子「克己復禮」的精神；孟子承述於孔子的，就是「爲仁由己」的精神。可見荀子、孟子學術思想都是眞正自孔子的敎訓中傳下來的。可是，荀子、孟子爲什麼會有那麼大的差異呢？荀子爲什麼要痛罵孟子呢？荀子學術思想可以不可以不必產生災難呢？如何才能免於災難呢？

要回答這些問題，我們就必須先把這段論語的意義弄清楚。

要把這段論語的意義弄清楚，我們就必須先認識這兩個「己」字。

要認識這兩個字「己」，我們就必須從我們習慣的認字方式中解放出來。

我們習慣的認字方式有兩種：一是查字典，二是尋求字的原始意義。這些，只能作爲我們認字的參考，不能作爲我們認字的唯一的依據。這兩個「己」字就是如此。論語前後的兩本字典：一是據說爲周公所編的爾雅，一是漢代許愼編的說文解字。這兩本字典中都載有「己」字，都有它們對這個字的解釋，但都不能使我們眞正認識這兩個「己」字。如果眞有蒼頡造字這件事，如果我們眞也把蒼頡造「己」字的原始意義找到了，照樣也不能使我們眞正認識這兩個「己」字。這理由很簡單，孔子使用這個字不必服從蒼頡，不必服從周公，更是不必服從晚他幾百年的許愼了。因此，蒼頡怎麼造「己」字，周公、許愼怎麼解釋「己」字，固然是我們認識這兩個「己」字重要參考，但是更重要的也是基本重要的乃是孔子他老人家

「怎麼使用」這兩個「已」字。

「已」字只見一個，但孔子在這裏却是兩種不同的使用方式。孔子在同一時間中，在回答顏淵同一問題「爲仁」中，使用這同一個字「已」却有「克」之「由」之兩個不同方式。「克」是一種否定之意義，「由」是一種肯定之意義。如果這兩個「已」字在孔子的使用中是代表他老人家同一意念的，那麼孔子這段話便是全無意義的；如果孔子說這段話是有意義的，那麼孔子在這裏這兩個「已」字在孔子的使用中便是各自代表一個他老人家不同的意念的。

孔子這不同的意念是什麼？

當然我們不能靠蒼頡、周公、許愼回答這個問題。

當然我們只有靠孔子來回答這問題。

孔子已死，不能爲我們回答這問題。

這就需要我們在讀書時，排除個人成見，排除孔子以外其他人的成見，平心靜氣好好體會一下孔子了。

孔子使用這兩個「已」字確乎是代表他兩種不同的意念的。「克已」之「已」，就是我們前面所說的人之生物學生命的自已。在佛家，就是由所謂五蘊（人體各器官）所和合構成的「我」，是「妄我」。「由己」之「己」，就是我們前面所說的心靈生命的自己。在佛家，就是由眞如佛性而顯的「我」，稱「眞我」。

生物學生命與心靈生命，在敍述中，是不能不分開的；在生命存在的本質上，也是絕對不能分開的。由生物學生命迸發出的欲望衝動，如不予以理性化，則人之所以爲人便與一般生物無異，實爲一非「人」之人。所以，要使人眞正成爲人的存在，第一步必須將這生物學之生命理性化。這就是孔子所謂的「克己復禮。」

禮在孔子時，就是自西周傳下來的外在生活規矩；而「克己復禮」這句話也是當時的一句成語。原始就是一個「他力敎」的形式，孔子講這句話當然也是套在「他力敎」的形式中來說的。可是，在道德成就中，這種「他力敎」的形式，只能是一種初步的安排，不能「到此爲止」；所以，它必須有進一步的證成。這進一步的證成，自然就是「自力敎」了。譬如我們敎一個小孩子孝順父母，我們可以把孔子所說有關孝的道理告訴他，把二十四孝的故事告訴他，要他去學習效法；他如不肯學，我們甚至可以用威脅、利誘的方法要他學。這便是「他力敎」的方式。在這種方式之下，無論他學習效法得多麼好，他都不能算是一個眞正孝順父母的小孩。所以，進一步我們必須要他自己知道，卽令沒有大人的威脅利誘，孔子的道理和二十四孝的故事，他自己也是應該孝的。這「應該」不是任何人規定給他的，而是他自己的孝心規定給他的。卽令在歷史上沒有一個人講到過「孝」的，卽令在歷史上找不到一個孝的範例，憑着他自己的孝心規定給他的「應該」，他也是應該孝的。這樣，他的孝行除了服從他自己孝心之外，沒有其他服從的對象；這樣，他的孝行才眞是他自己的孝行。此之所謂「爲仁由己」。「自力敎」的方式便是如此。

孔子而後，孟子承襲了孔子「爲仁由己」的「自力敎」的敎訓；荀子承襲了孔子「克己復禮」的「他力敎」的敎訓。

從孔子敎顏淵「爲仁」就不排除「他力敎」的方式看來，「他力敎」在道德成就中確乎是有其正面價值的。所以，現在就讓我們對它這種正面價值做一檢討。

首先，讓我們看看在什麼情形下「他力敎」是必需的。

一、在兒童敎育中，我們不能要求一個小孩子像孟子所說那樣「滿心而誠樂莫大焉」，「他力敎」實是一種必需的模式。因爲兒童心知未開，模仿力強，可塑性大，他只要能模仿肯模仿就儘夠了。我們這樣說，並沒有任何輕視兒童人格價值的意圖，只是根據兒童時期心知未開，模仿力強，可塑性大之事實。

二、在化民成俗中，我們也不能奢言要所有人都明心見性「自證無餘涅槃」，一般信男善女只要肯念佛誦經，頂禮膜拜也就很好了。所謂「俗」，就是一種共同的生活方式，一定是外在的；而且也不一定要很有道理，只要大家能共同承認就可以了。這就是荀子所說的「約定俗成」。

三、孔子曾讚美顏淵曰：「回也，其心三月不違仁；其餘則日月至焉而已矣。」孔子自述其成德之經歷曰：「七十而從心所欲不踰矩。」可見聖賢也都有他們「從心所欲」而「踰矩」的時候，也有他們「違仁」的時候。在這些時候，就是聖賢也需要些「他力教」來整飭一下自己的。所以，顏淵問仁，孔子便告他「克己復禮爲仁」。

由此看來，「他力教」乃是道德人格成就之所必需的，這便是它的必然價值。無人能夠否認。但是，不管「自力教」這價值是多麼地不能否認，畢竟不是絕對的。道德人格之眞正成就最後仍須在「自力教」處完成。這就是佛家說「他力教」是一種方便權教之原因所在；究竟實教必須是「自證無餘涅槃」的。

就「他力教」之在道德成就中之價值而言，就是力主「自力教」的孟子也是能夠承認的。所以，孟子重視教育，重視人君爲民治產，甚至他還能肯定五霸假仁義之名以逞其私欲的價值。孟子所以反對告子、荀子型的「他力教」，乃是反對他們把「他力教」當作絕對的，當作「到此爲止」的究竟實教。

由孔子教顏淵，我們可以知道，「他力教」與「自力教」並無必然之不相容。但是，荀子却把這二者看成了個必然的不相容。他力闢孟子性善之說，其實根本不在爭性之善、惡，而在根本否定孟子「自力教」之成德方式，因性善是「自力教」的根本依據，或者可說是根本保證。其實，主張「他力教」是也根本不必否定性善而主性惡的。

荀子的主觀道德感受和客觀的使命感受都是很強的。禮義法度可以說是外在的，是古代聖主替他安排的，但這些感受總應該是他自己的吧！這些感受也能說是惡的嗎？

近代以古猶太思想體系為根本之基督教傳入我國。基督教看人以人為具有原罪的存在為其基本觀念。這便與荀子的性惡論是很相近了，因罪、惡本有類似之處。所以，有不少基督教人士喜歡引用荀子以表示他們在中國歷史文化思想中也是有同路人的，他們並不完全是一種外來思想。

其實，這種比附並不相應。

古猶太人與基督教講原罪，是對應著耶和華眞神而說的。人愈能承認其原罪便愈能承認耶和華眞神。人是一個具有原罪的存在，相反地耶和華眞神便是一個具有一切價值之原的存在。荀子的「性惡」只與先代「聖王」的「禮義」相對顯。但荀子忘記了那些先代的聖王基本上也是性惡之人，他們並沒有創制禮義的先天而必然的根據。荀子的禮義，很有點像摩西的律法。唯荀子的禮義只出自聖王之僞，摩西之律法乃出自耶和華眞神之啓示。在摩西，耶和華眞神是宇宙唯一的精神實體，具有一種無可替代無可假借的本質；而且，耶和華眞神除了給人類以律法之外並給人類以救世主彌賽亞之應許。荀子的禮義只是禮義了無這種應許的意義；而且，聖王也不是唯一的，基本上是可替代的可假借的，所以不旋踵間便被李斯、秦始皇假借替代了。因此，對著原罪或性惡講他力敎，必須肯定一個具有可以爲一切價值之原之精神實體。如果不能像孟子那樣內在地肯定，就必須像摩西那樣外在地肯定。在這方面我們可說荀子不及摩西甚多。

在另一方面，荀子雖然講性惡却是一個道道地地的人文主義的立場，認爲一切價值必須自「人」處開出。在這裏，具有猶太型思想主體的人也不應拿荀子與自己相比附。正因爲荀子這人文主義的立場，他與猶太思想與基督敎義便在下面這個問題的解決中產生差異。那就是做爲一個具有原罪或性惡的人如何能認識耶和華眞神或聖王所制禮義之善之問題。

不論原始猶太思想或基督教教義，都一方面咬定人之原罪本質，一方面又讚美人信心之可愛與重要。試問，具有原罪本質的人如何能產生出對耶和華眞神或主耶穌的信心來？原罪是可詛咒的，信心總是不可詛咒的。這信心的根在那裏？不管原始猶太思想與基督教教義，對這個問題都是無法交代的。他們所謂的「只要信，不要怕」，其實就是教人只要有信心就行了，不必也不要問這信心是從那裏來的了。這問題一直延擱到歐洲中古，才由神學家們想出一個解決辦法來，那就是信心出於人的所謂「自由意志。」他們沾沾自喜地以爲解答了這個問題，其實完全沒有。人可以「自由意志」地信，也可以「自由意志」地不信，信心仍是沒有必然的保證。再說，所謂自由意志根本也是原罪生命的自然蠢動，它如何能做爲信心的根基與保證？這不是又回到老問題上了嗎？

荀子便不如此。

荀子主張性惡；主張人必須用「他力敎」的方式以使自己成就道德人格。可是性惡之人如何能認識外在的善呢？這認識的根據在那裏呢？對這樣的一個可說是具有相當究極性與根本性的問題之解決，荀子的態度，比起摩西與耶穌來，就負責任多了。他旣不敎人避諱，更不自我避諱。他主動地提出這問題，也主動地解決這問題。他說：「人何以知道？曰：『心！』心何以知道？曰：『虛壹而靜。心未嘗不臧也，然而有所謂虛；心未嘗不兩也，然而有所謂一；心未嘗不動也，然而有所謂靜。人生而有知，知而有志；志也者，臧也，然而有所謂虛。不以所已臧害所將受，謂之虛。心生而生知，知而有異；異也者，同時兼知之；同時兼知之，兩也，然而有所謂一。不以夫一害此一，謂之壹。心臥則夢，媮則自行，使之則謀，故心未嘗不動也，然而有所謂靜。不以夢劇亂知，謂之靜。未得道而求道者，謂之虛一而靜……虛一而靜，謂之大清明。萬物莫形而不見，莫見而不論，莫論而失位，坐於室而見四海，處於今而論久遠。疏觀萬物而知其情，參稽治亂而通其度，經緯天地而材官萬物，制割大理而宇宙理矣。』」

「志」，就是記憶，知識。「臧」，就是收藏之藏。知識乃是一種累積，故曰：「志也者，臧也。」知識是累積，心不是累積，也不能被累積充塞窒息而不能再有新知，故曰：「然而有所謂虛。」故曰：「不以所已臧害所將受，謂之虛。」「心生而有知」當為「人生而有知」之誤。「兩」，就是雜多的意思。知識既是累積，便有雜多之相。知識是雜多的，心不是雜多的。雜多，便有互相彼此之不同；知識有彼此，心不能有彼此。故曰：「有所謂一。」「心一」也不能因知識之彼此而生彼此，故曰：「不以夫（彼）一害此一，謂之一。」心有所動。不僅知識之成是由心所動而起，睡眠中的夢魘，物質生活中貪戀，社會生活中之鈎心鬪角，都是心之所動。然心之所以有所動，乃在心之有靜。心之本身若跟著心之動奔馳外張而離其自己，則不能有知；所以，心之本身必在動中守持其自己，不使其所動害其所知，便叫做靜。故曰：「不以夢劇亂知謂之靜。」

這就是荀子所謂的心之虛一而靜。

「大清明」之「大」是絕對的意思，不是套在一般大、小比較中說的「大」。所以「大清明」就是眞正的知慧。人只能憑著這種眞知慧才能認識眞道德。所以，在這種大清明的知慧的觀照之下，萬事萬物之眞實沒有不是顯亮的。「見」者，現也，即是顯亮的意思。故曰：「萬物莫形而不見。」大清明知慧照見顯亮的這種萬事萬物之眞實，並不是「目遇之而成色，耳接之以成聲」的感覺材料 sence data 之眞實，而是一個理的眞實。「論」者，理也；古人以「論說」解之，實是一個絕大之錯誤。故曰：「莫見而不論。」一事一物是一理，萬事萬物也是一理。一事一物之一理，在萬事萬物之一理中，各有其恰如其分的地位而不能相亂，也爲一理。故曰：「莫論而失位。」

荀子在這裏，實透出一個純粹理念的心靈與世界來了。此心靈，卽此世界；此世界，卽此心靈。此心靈世界，卽此純粹理念；此純粹理念，卽此心靈世界。

這一個純粹理念的心靈與世界，既無時間相，亦無空間相；所以，既不受時間的限制，也不受空間的限制。故曰：「坐於室而見四海，處於今而論久遠。」這一個純粹理念的世界，同時離一切相又在一切相。就它之「離一切相」來說，乃在它是離開現實世界中一切自然與人文的萬事萬物的一個獨立存在。在這裏，我們可以說它是「抽象的」。就它之「在一切相」來說，乃在他也是現實世界中一切自然與人文的萬事萬物之所以存在之理的根據。把握到它，就可從這理的根據處把握到現實世界中一切自然與人文的萬事萬物。故曰：「疏觀萬物而知其情，參稽治亂而通其度，經緯天地而材官萬物，制割大理而宇宙理矣。」

「疏觀」者，就是虛觀的意思；虛觀，就是用抽象之理來觀，不是用具體的耳目來觀。「知其情」，就是得其理的意思。那就是說，用抽象的理觀萬物，從萬物那裏得到的不是萬物給我們的聲、色等感覺材料，而是萬物所依之而存在或構成的理。所以，「疏觀萬物而知其情」，乃是對應自然世界而說的。自然世界的萬事萬物，是以這一理爲根據的；人文世界的萬事萬物，也是以這一理爲根據的。「度」

者，一定的道理。人事之治，人事之亂，都是具有其一定的道理的。「參稽」就是參驗稽考。「參稽治亂而通其度」即是說，人文世界事事物物之治亂的道理，也都可以在這純粹理念的心靈世界中得到解釋與說明。因爲，正像荀子在天論篇中所說：「亂生其差，治盡其詳。」這就是表示，人文世界的事事物物，離開這個理的根據，就亂；一切依這個理的根據，就治。大學說：「物有本末，事有終始，知所先後，則近道矣。」也是這個意思。自然世界，人文世界的一切事事物物都無不以此純粹理念的心靈世界爲理的根據，所以人只要能透出這純粹理念的心靈世界，便可透出自然世界、人文世界一切事事物物之理。故曰：「經緯天地而材官萬物，制割大理而宇宙理矣」。

觀荀子之意，那個可以作爲「本始材料」的性惡之性，不是道德，但却是道德成就的必要材質條件。這個「虛一而靜」的「大清明」之心，也不是道德，但是作爲道德成就的必要形式條件，却必須也只能由它才能辨識出來。故曰：「人何以知道？曰：『心』。心何以知道？曰：『虛一而靜』。」而且，尤有進者，心不僅是辨識道德成就的形式條件之主體，也是把這個形式條件加到那個材質條件之上，使二者合而成就道德人格之主體。所以，荀子所講的「性」，是從生命的本質處說的；荀子所講的心，是從生命之主宰處說的。心是治性的，性是爲心所治的；心是主動而非被動的，性是被動而非主動的。故曰：「心者，形之君也，而神明之主也；出令而無所受令；自禁也、自使也、自奪也、自取也、自行也。」

這樣子的心，在猶太思想與基督教教義中，是怎麼樣也產生不出來的。在這方面，荀子實比他們高明得太多。基督教的「神」學極可觀，但在講到人時，除了原罪與自由意志之外，再也講不出其他了。人的存在果眞這麼簡單嗎？

㈤荀子的客觀精神

莊子，在他的書中，一高興便要把孔子拿來奚落一頓。看起來，似乎是對孔子很不恭維。而且，他用來奚落孔子的題目，又常常根本不是孔子的與孔子毫無關係。看起來，又是對孔子很不了解。不過，他有些時候又把他認爲很高貴的道理借孔子之口說出來，又把他認爲很高貴的爲人品質借孔子之身顯示出來。這，看起來，又是很恭維的了。至於說到他不了解孔子，那又未必。他是個極聰明的人。要說他不願認同孔子所顯示出生命情調，人格模式，是可以的；要說他對孔子的生命情調，人格模式不了解，則是不可以的。進而言之，不僅我們不能說他對孔子不了解，而且我們還應該說他對孔子實具有甚深而眞的了解。這了解，也許不在顏淵、子貢、孟子、荀子之下。我們只憑他爲孔子道術所下的四字評語便可知道。

那就是「內聖外王」。

這四字評語眞是把孔子人格學術概括無餘了。

而且，高貴典雅不入流俗。

這是他以不俗之人論不俗之道的結晶話。

所謂「內聖」，就是個人德性之成就；所謂「外王」就是現實世界之成就。當然，在現實上，孔子並沒有任何屬於現實世界的成就。但是，雖然沒有現實世界的成就，孔子的心願是從來沒有離開現實世界的。而且他栖栖皇皇奔走天下，爲的無非就是成就現實世界。而且，以孔子的道術來說，內聖與外王是分不開的。內聖是外王的根本，外王是內聖的證成。這是任何人都能承認的。如果說內聖是孔子的主體精神，外王是孔子的客觀精神，那麼這種通內聖與外王而爲一的「內聖外王之道」便是孔子的絕對精神。

孔子確是一位具有絕對精神的聖人。

只有這樣具有絕對精神的人格與道術才能稱為聖人。

大學說：「大學之道，在明明德，在新民，在止於至善。」卽在說，眞正的道德成就必須含有兩個層面：一是主觀之道德成就，卽「明明德」；二是客觀之道德成就，卽「新民」。「明明德」，就是內聖之學問；「新民」就是外王之學問。這兩種學問，這兩種成就，事實上是一種學問，一種成就。孔子自己講：「吾道一以貫之」就是這個意思。曾子體會孔子這句話，提出「忠、恕」二字，也很好。「忠」，象徵主觀之「明明德」；「恕」，象徵客觀之「新民」。所謂大學八條目中的「格物、致知、誠意、正心、修身」，是「明明德」之事；「齊家、治國、平天下」是「新民」之事。而且，這八事也是相一而不分的。從「格物」到「平天下」，顯示一累進式的必要條件關係。那就是說，「格物」是「致知」的必要條件；「格物、致知」是「誠意」的必要條件；「格物、致知、誠意」是「正心」的必要條件；「格物、致知、誠意、正心」是「修身」之必要條件；「格物、致知、誠意、正心、修身」是「齊家」的必要條件；「格物、致知、誠意、正心、修身、齊家」是「治國」的必要條件；「格物、致知、誠意、正心、修身、齊家、治國」是「平天下」的必要條件。這正是好像現在求學的過程由小學、初中、高中、以至於大學一樣，這些階段是外在的學程上的分，就內在的學業之完成上來說，是不可分的。到了大學，就把高中、初中、小學甚至幼稚園中所學的東西全丟掉，行嗎？

大學作者似是把這八條目之間解釋爲必要條件關係，而歷來儒者也是這樣來了解的。所謂「物格而后知致，知致而后意誠，意誠而后心正，心正而后身修，身修而后家齊，家齊而后國治，國治而后天下平」的便是。所以，宋、明二代的儒者們總喜向當時求治心切的皇帝們說誠意、正心便足以治天下。這便是不通了。所以，當時的皇帝們聽了無不厭煩。嚴格說來，大學這段話只表示一個必要的次第，卽大學所說「物有本末，事有終始，知所先後，則近道矣」的「本末」、「終始」、「先後」的意思。那是不可解釋爲充足條件關係的。

不管怎樣，這表示一種主、客觀爲一的絕對一貫之道，則是一定的。了解孔子的道術，從這裏着手着眼，是最清楚明確的。

孔子而後，在先秦眞能承傳孔子的，就是孟子和荀子。孟子主要承傳了孔子的主觀精神，其客觀精神則不足；荀子主要承傳了孔子的客觀精神，其主觀精神則不足。所以，荀子學術之主要成就、主要價值，是在「外王」方面的，其「內聖」之學術實在甚見扭曲；孟子學術之主要成就、主要價值，是在「內聖」方面的，其「

外王」之學術實在就非常荒涼了。

近代民主政治傳來我國，一般具有我國傳統文化意識的政治學先生們和一些衞護儒家學術思想甚具誠意的先生們，總不願把這種民主政治完全當作舶來品看待，總要說這也是我國古來就有之的東西。他們主要的根據，便是孟子「民爲貴，社稷次之，君爲輕」這句話。

這一根據，實在是不能成爲一個根據的。一定這樣來使用它，旣是不了解孟子這句話的本來含義，也是不了解西方近代民主政治之眞諦。

孟子這句話，原是針對戰國諸侯們「爭城以戰，殺人盈城；爭地以戰，殺人盈野」，「率土地以食人民」，「率野獸以食人民」的不仁而發的。如果說這句話可代表孟子對那些被荼毒塗炭的老百姓的關切，並藉以減殺那些諸侯們的驕橫之氣，則是可以的；如果說這就是一種民主政治的政治學的解釋，就是不相應了。孟子這句話完全是從一種道德心靈中發出的，不是從一種政治心靈中發出的。而且，孟子也不是一個政治心靈。荀子之所以看不起孟子，便是在這個地方。孟子確曾對當時的諸侯講了許多有關治理天下、國家的大道理和具體方略，但都是根基於道德意識的，政治學的意味很輕。

「民」，當然就是人民；「君」，當然就是國家負責人；「社稷」，應該有今天「政府」的含義。站在政治學的立場上來講，「民」固然很貴，「社稷」也不能次之，「君」也不能輕：三者實具有同等之重要性。政治是人羣集體生活中共同希望或欲望實現之合理的調整。在此一原則下，組成這人羣的每一「個體」之生活實都具有不可否認的「目的」意義，所以「民爲貴」。集體生活不能否定個體生活，但也不能僅僅是一種零散的個體生活。它必須有一個組織來協調每一個體生活與其他個體生活之間所必然會產生的同方向與反方向的關係。這便是「政府」的當然功用了。這樣「社稷」就一定不能是「次之」的。再說，人羣的共同事務，雖然應該是屬於人羣中每一個人的，但並不能由人羣中的每一個人齊來動手動脚來做的；它必然是由人羣中少數生命力、知慧力、道德力較強的人帶領大家來做的。沒有這樣的人來領導，不僅人羣集體生活中的共同希望或欲望無由實現，即連個人生活的基本生存權利都也是無由保障的。這樣，「君」又如何可以是「爲輕」的呢？所以，政治學的立場，不是把這三者分成那個是重要的，那個是次要的，那個是不重要的；而是把凡是必要的都看作是重要的。再說，政治中的必要因素不僅此三者。政治學之目的就在解釋政治的各種必要因素之不同必要性與它們在政治中的恰當而不可踰越職分與地位。

孟子講這句話，憑藉的不是這樣一個政治學的心靈。所以，這句話並不能提供給我們任何政治學的價值。政治學的心靈，是一種客觀精神之投射，孟子在這方面實較弱。在先秦，孔子而後，具有這方面強烈傾向且卓然有所成的，只有荀子。

民主政治原生古希臘之雅典。democracy 一字，在希臘字眼中，就是「由人民管理」的意思。可是，先期雅典的民主政治，實已隨雅典之亡而一起亡掉了。歐洲文藝復興之後，由英國人發展出來的一套與君主專制截然不同的政治制度，並已廣泛地成了近代世界各國的政治思想與實踐的主流，也叫做 democracy。這就是近代的民主政治，它與雅典的古民主政治，並不完全是一樣的。

民主當然是由人民做主的意思。但這「做主」的觀念，很容易使人產生「這就是我的，我可以隨便處理它」的想法。好像「我」有錢，「我」可以任意拿「我」這錢到市場去買「我」所喜歡的任何東西；買回來之後，這件東西又成「我」的了，「我」也可以任意處理它、使用它。這個「任意」，在英語中相當於 arbitrary 這個字。國家事務，在君主時代，由大皇帝「任意」來處理；在民主時代，大皇帝被打倒了，自然當該由「我」來任意處理了。這樣，民主政治就成了由人民人羣衆多人的「我」來代替大皇帝一人的「我」；由人民人羣衆多人的「任意」來代替皇帝一人的「任意」。這便是我們近七八十年來根據「人人當家做主」，「人人都做皇帝」的潛意識對民主的了解。

這是一個非常糟糕的了解。

在這種了解之中，「民」自然是最貴的，也是唯一貴的；「國家」、「政府」算得了什麼！而「君」也不僅是「輕」的，根本是可由「民」來「任意」隨時推翻的。

這種了解實在是一種民主政治的「任意」聯想。如果一定要這樣解釋民主政治，這樣實踐民主政治，其實不如回到君主專制好。因爲，由一人之「任意」代之以衆多的「任意」，政治災難必定將更爲殘且烈。君主政治中的災難，並非由君主本身帶來的而是由君主之「任意」帶來的。所以，君主並不是災難之原，「任意」乃是災難之原。一人之「任意」畢竟是有限的，衆人的「任意」就是非常麻煩了。

由近代西方發展出來的民主政治，其主要之努力，就是用在設法限制甚至根本否定這種「任意」之上了。其主要之努力在此，其主要之成就也在此。

政治，是人羣集體生活中共同希望或欲望實現之合理調整。民主政治，就是政治事務由人民主動地自己來決定、處理。但這種決定、處理，並不能是經由人羣集體中的每一個人七嘴八舌、七手八脚地來決定、處理的。因爲，果如此，不僅政治之實現在人羣集體生活中共同希望與欲望的目的不能達到，而且人羣集體中的每一個人之基本的生存與生活都一定會變成完全無保障的。所以，政治必須是一種「調整」，調整這些「七嘴八舌，七手八脚。」這個調整的原則，就是把這些「七嘴八舌，七手八脚」納入到一個組織中；藉組織的系統使它們成爲一個有秩序的關係體；在這個有秩序的關係中，定其個別的職分，以達成政治之目的。秩序，是就整體來說的；職分，是就個體來說的。整體之秩序不定，個體之職分不顯；個體之職分不定，則整體之秩序不顯。因此，在一定的組織系統中調整整體處的秩序與個體處的職分，乃是政治的基本原則。不管民主或君主，只要講政治便必須服從這個原則。

在政治組織中，個人的職分，也就是責任，與其在集體秩序中的地位，可由下列兩圖來說明。

圖甲

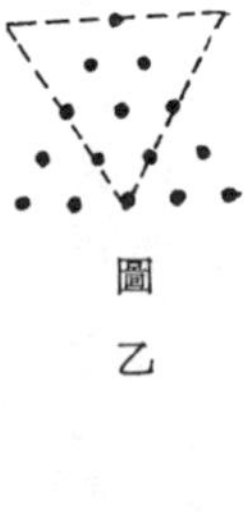

圖乙

圖甲顯示，愈高層的人物愈少，最高層必定是個「一」。圖乙顯示，愈高層的人物責任愈大，最高層的「一」之責任必須是「一切」；愈低層的人物責任愈小，最低層人物的責任也是一個「一」。責任是需要權力配合知識來完成的。所以，責任愈大，需要的知識與權力愈大。但是，知識和權力都是中性的，政治上的高層人物可以使用權力與知識以達到國家政治實現人羣集體生活中共同希望與欲望的目的；他也可以使用權力與知識達到否定人羣集體生活共同希望與欲望以滿足他一己的希望與欲望的目的。所以，愈高層的政治人物，除需要愈大的權力與知識外，也需要愈高的內在道德感和愈大的外在政治制衡力量。這也是政治之所以爲政治的基本原則。民主政治與君主政治，在這方面也是全無差別的。

戰國的君主和臣僚，無不是以其政治地位、政治權力和政治知識來否定人羣集體生活中共同希望和欲望以滿足他們一己希望與欲望的人物。政治根本就不成了政治。這是事實。對於這一事實的反應，孟子與荀子便有不同。孟子採取的是道德解決的方式，荀子採取的是政治解決的方式。

孟子「民爲貴、社稷次之，君爲輕」這句話，就是對時君的一種道德之點醒。目的在使那些君主們覺醒到自己的道德責任。其他如「保民而王」、「以不忍人之心行不忍人之政」、「推恩足以保四海，不推恩無以保妻子」……等等都是。當然，孟子還有一個辦法，就是「殺掉他」。所以「聞誅一夫紂矣，未聞弒君也。」這些統統都是「非政治的」。這就是孟子客觀精神不夠的明證。解決政治問題那能這麼簡單，不是教他道德便是殺掉他呢？

在荀子看來，孟子根本是個政治白癡。加之他又不能承認——而且反對孟子的性善說，自然孟子由性善開展出來的一套學問便全屬妖邪之言了。我們前面說過，荀子是一位深具客觀精神，得孔子「外王」之道眞傳的哲人。所以，他的政治知慧確是孟子所不能及其萬一的。荀子認爲戰國的問題，固然是個道德缺乏的問題，也是一個政治制度凌亂的問題。而且，也不僅是凌亂的問題，根本就是沒有制度的問題。沒有制度便沒有政治。因此，那時的當務之急就是建立眞正的政治制度來。這便是荀子一生用心的方向。如果在這裏不能對荀子有一個相應的了解，便等於完全沒有讀荀子。

荀子整本書都是圍繞着這個題目而寫的，因爲這是他根本用心之所在。不過，如果我們想在他的整本書找一句話以代表他這種客觀精神的政治心靈，那便應是「禮者，法之大分而羣類之綱紀也」。

這是荀子勸學篇中的一句話。在荀子以爲，學必至於「禮」乃可謂之大成。所以在他討論到爲學的次第始終時，說：「其數，則始乎誦經，終乎讀禮。」「數」就是求學外在程序，就好像今天的由小學、中學而大學的所謂「學程」一樣，「經」就是除「禮」以外其他經，如詩、書之類。荀子以爲這些經典都應該是次級的，都是爲了讀「禮」而讀的，所以學的最後也最高的階段乃是讀「禮」。求學的次第始終有外在的也有內在的。內在的學程就是個人成德的過程，荀子名之曰「義」。故曰：「其義，則始乎爲士，終乎爲聖人。」他的意思就是說，求學的內在程序，就是先做成一個知識分子，最後以做爲一個「聖人」爲最高成就。由這外在與內在的兩種學程的關係，我們知道讀「禮」與「爲聖人」是在同一最高階段的。

但是，怎樣才能達到這最高階段呢？在這方面，實與任何其他成就一樣，就是非如荀子所說的「眞積力久」不可了。「眞」，就是生命的眞誠，不僅是平常所謂的「眞假」之眞。「積」，就是累積，是荀子特重的爲學方法，故曰：「積土成山，風雨興焉；積水成淵，蛟龍生焉；積善成德，而神明自得，聖心備焉。」故曰：「不積蹞步，無以至千里；不積小流，無以成江海。」「力」，就是用力的意思。「久」，卽恒久之意。故曰：「騏驥一躍，不能十步；駑馬十駕，功在不舍。鍥而舍之，朽木不折；鍥而不舍，金石可鏤。」而眞積力久，一言以蔽之，就是「一」。故君子爲學用心必一。

這種「眞積力久」到何時爲止呢？

在荀子認爲，這是沒有止的。故曰：「學至乎沒而後止也。」學，是生命的事，不是生命以外的事，所以必至生命終止時而後止。這也就是曾子「死而後已」的意思。這裏所謂「學」自然就是我們前面所說的內在學程了，至於外在的學程，則是有個「止」的。故曰：「學，數有終；若其義，則不舍可須臾舍也。」因爲學是根本生命之事，不學就根本不成爲人了。故曰：「爲之，人也；舍之，禽獸也。」這正是孔子「君子去仁，惡乎成名！君子無須臾之間違仁。造次必於是，顚沛必於是」之意。

在荀子以爲，書經只是前代帝王政事之紀錄，詩經只是前代典雅的樂章與歌詞而已。故曰：「書者，政事之紀也；詩者，中聲之所止也。」讀這些書都只算是學程中的手段方便，不能是眞正的目的究竟；學的目的究竟，乃在於「禮」。故曰：「學至乎禮而止矣！夫是之謂道德之極。」

為什麼呢？

因為，「禮者，法之大分，羣類之綱紀也。」

荀子這裏所謂的「禮」，固然是指前面所說「讀禮」的「禮」而言，但是不能僅於此；僅於此，那我們就是把荀子看成一個多烘老學究了。荀子那能是這樣個多烘老學究！因此，這裏的「禮」，除了指傳統的禮之文獻與這文獻本身的意義之外，另有三義是我們在這裏所必須要把握到的。

第一、荀子通過「禮」以肯定孔子肯定禮之精神，繼則調適而上遂以肯定周初人創制禮之精神。藉着兩步肯定以使自己之精神生命溶合於孔子、周公之精神生命之中而與之為一。此一精神生命自然是「秩序」的精神生命。在這裏，為荀子所傳承的孔子之客觀精神，不僅是孔子的，也是周公的。

第二、荀子藉着自己精神生命與孔子、周公精神生命之溶合為一，進而以他那大清明之心察知到一個旣不在周公身上，也不在孔子身上，更不在他自己身上的客觀的純粹的理之系統；更藉這步察知，使自己大清明之心與此一客觀而純粹的理之系統契合而爲一。

第三、荀子藉着他這大清明心與純理系統爲一的知慧察看人間世界；在亂雜而無章的人間世界中，見得人間世界的當然之理與現實人間世界之不合此理的地方。此理落到人間世界之中，就是所謂的「禮」。古人云：「禮者」「理也」，當該在這個方式中來了解；荀子曰：「禮之理誠深矣」，也當該在這個方式中來了解。

因此，「禮者，法之大分，羣類之綱紀也」之「禮」，不唯不能僅是一個文獻的意義，也不能僅是一個傳統制度的意義；它當該是個那個客觀而純粹的理之系統下貫到人間世界，作爲人間世界當然之理的意思。

「法」，即是「法度」，即是「法則度量」，就是今天所謂的法律制度，表示人際關係之間不可紊亂的秩序；「分」，即是定分、職分或功分，荀子常稱「分義」，表示一定而不可遊移的當然。人羣的集體生活中的法律制度，就是在釐定個體與個體之間，個體與羣體之間與內在個體本身之中的「分義」。因爲人生而是一個個體的存在，又生而是一個社會羣體的存在。所以人必須生活在羣居的互助合作中，此荀子稱之爲「相待」。離開這個相待的互助合作，則人必因困窮無賴而不能生活；羣居而沒有法度分義，則人必因暴亂紛爭而不能生活，這些都是災難。免於這災難的唯一方法便是使人羣中每一個體皆明守其本分，共同維持其集體生活滿足其共同之希望或欲望。故曰：「離居不相待則窮，羣居而無分則爭。窮者患也，爭者禍也。救患除禍，則莫若明分使羣矣。」

「分」有兩種，一種是由約定俗成的，一種不是由約定俗成的。約定俗成的分是由人羣共同生活習慣共同承認而產生的。其特徵就是沒有必然性。例如，有的國家車輛靠道路右邊行，有的國家車輛靠道路左邊行，其中當然是沒有必然性的。這種沒有必然性的「分」，就不能稱之爲「大分」。大分乃是一種具有必然性，當然性的「分」。例如，車輛不管靠左行也好，靠右行也好，總而言之，要使道路上的車輛不亂，來往車輛就必須都僅靠一邊行。這是必然的，非如此不可的。所以說是「大分」。在法律制度中，具有必然性的「大分」，是屬於第一序例 first order 的；不具有必然性的「分」，是屬於第二序列 secondary order 的。第二序列的「分」，我們知道是以「約定俗成」爲根據的；那麼，第一序列的「大分」，是以什麼爲根據呢？就是「禮」。故曰：「禮者，法之大分也」。這個「禮」，就是我們前面所說那個純粹而客觀的理之系統。這個純粹而客觀的理之系統，就是一個純粹而客觀的必然性系統。只有它才能成爲第一序列的「大分」的必然根據。由歷史傳統代代相沿下來的禮制，負不起這個責任。因它本身就不是一個必然性系統。

「羣類」，就是「類」。「羣」極可能是一個由古人傳抄而誤加上去的字。可能由於筆誤，也可能由於無知。說一個「類」就夠了，加上一個「羣」字，不唯多餘而且很傷義理。「類」在荀子學術思想中，是一個非常重要的觀念。而且，在我國學術思想史上，也沒有任何其他一位思想家像荀子這樣把它當作一個學術名詞來看待過的。要想了解這個字在荀子學術思想中的意義，借用達爾文的生物學「分類」應該是很大的方便。試想地球上生物界何等繁雜！要想對它有所了解而加以控制進而用來以利於人類生活，該又是何等的困難！可是經過達爾文一分類整理，我們就可以知道在這繁雜之中居然還有個有條不紊的系統存在着呢！有系統就不繁雜了。人間世界，特別是人間世界中的人生行爲世界也是如此。它實是一個無窮複雜運行於時間中的網狀立體。看起來，它似是一個絕對的大「亂」；其實不然。在我們的人間世界與人生行爲世界中，也是有一個有條不紊的系統的。正因爲這有條不紊的系統，我們這個無窮複雜看來似是一個大「亂」的人間世界與人生行爲世界，根本就是個有條不紊的系統體。在這個系統體中，事事物物，無不各居其類，各有其理；且彼此之間，也是條貫分明，秩序井然不能雜亂的。這在荀子，便叫做「統類」、「倫類」。統和倫，都是系統、秩序之義；簡稱叫「理」。正因爲「類」由「理」成，所以「理」也可由「類」顯。所以荀子言，「統類」就人羣集體生活的社會與政治而說，既着眼在個體生活中之個體性意義，也着眼在個體在集體生活中與其他個體生活間的關係意義。化學分析中有所謂定性分析 qualitative analysis 和定量分析 quantitative analysis 。荀子這種重視「統類」的知慧，就是這種分析的知慧；其分別只不過一用在自然世界的化合物中，一用在人文世界中社會、政治之集體生活中而已。

荀子說：「以類行雜，以一行萬。」「類」卽統類的簡稱。統類依理而成，故可以「行雜」。「行雜」，就是調整具有雜多本質的人間世界與行爲世界。正好像生物學之以理分類可以調整具有雜多本質之生物世界一樣。「以類行雜」，是從現實世界來說的；「以一行萬」，是從純理世界來說的。這裏的「一」並不是「一個」的「一」，「單一」的「一」；乃是一個系統的「一」，指一個具有必然的理之系統而言的。譬如在數學中，看起來，似乎是無窮的繁複，其實却是一個必然性的推理系統，邏輯也是這樣的。所以，「以一行萬」只是「以類行雜」一語的理之重複，並無新義。這「類」，這「一」，在荀子又叫做「貫」。所以荀子又有「理貫不亂；不知貫，不知應變」這句話。人間世界與行爲世界中的雜、多、變、亂，必須以統類理之。這是荀子的見解，也是自然的道理與事實。

在荀子以前的我們社會與政治中，人羣集體生活中的「類」，事實已存在很久了；而且，直到現在還是存在著的，只不過略變個形狀而已。再說也不僅我國如此，世界任何國家民族也都是如此的。那便是依生物學原則形成的社會等差類別。這種「類」上面也可以加上一個「統」字，那便是血統之「統」。古人所謂的貴、賤，洋人所謂的貴族、平民，都是一類觀念。在荀子以爲貴賤是絕對要分的，他的「統類」也是要分貴賤的。但貴賤不能以血統爲標準。血統完全是個生物學觀念，不是一個理的觀念。是純被動的，純主觀的，既非理想的，也非道德的。這種以血統爲統的「統類」，本身是一個墮性，同時也是社會與政治的墮性。在這種墮性之中，人羣集體生活只僵化與死寂，不唯談不上政治的進步，且根本談不上政治。所以這種「統類」必須打破，代之以道德的，理想的，主動的，客觀的理之「統類」。

商鞅變法，一眼就看出了這種毛病。他規定「宗室非有軍功，論不得爲屬藉。」這就是說貴族之所以爲貴族，不能僅靠血統關係，還要有軍功。軍功是個人對國家的客觀貢獻。藉着這客觀的貢獻，貴族便得了一種客觀的政治地位與意義。這對貴族來說，本是很好的；但是，當時的貴族並沒有這種客觀性的眼光，總以爲商鞅是在找他們麻煩的。就商鞅立法來說，他要客觀化貴族，確是一個非常了不起的創見。但是，他只以軍功爲客觀化貴族的方式，事實上是沒有眞正的客觀意義的，因爲「軍功」根本不具備任何「理」的意義。「太子犯法，與民同罪」的觀念，也是商鞅建立起來的。他也眞依法處理了太子犯法的案子。藉着了這一處理，他使他的立法具有了國家政治構造的客觀地位，他也使太子具有了國家政治的客觀地位。這對國家政治與太子來說也都是很好的。可惜秦惠王並沒有這種眼光與器識。等他的父親秦孝公一死，他便聽信他左右人之言而車裂商鞅。這當然是一種非常值得人惋惜的事情。不過，商鞅本身也是要負責任的。法律，應該是具有客觀意義的，可是商鞅的法，在秦國所有貴族平民的眼睛中，只是「商君之法」並沒有具備其應該有的客觀意義。

荀子就不同了。他並不以現實上的任何特殊事件作爲一個客觀之標準來客觀化現實上的任何個人或人羣。也許正因爲他並沒有現實上的政治地位與權柄，他能純客觀地提出一個純客觀的理的原則以客觀化所有的人，那不僅是貴族而已。他這一個純客觀的原則就是具有道德與政治雙重意義的「禮義」。他說：「雖王公士大夫之子孫，不能屬於禮義，則歸之庶人；雖庶人之子孫也，積文學，正身行，能屬於禮義，則歸之卿相士大夫。故姦言、姦說、姦事、姦能，遁逃反側之民，職而敎之，須而待之，勉之以慶賞，懲之以刑罰。安職則蓄，不安職則棄。五疾，上收而養之，材而事之，官施而衣食之兼無遺，才行反是者死無赦。夫是之謂天德，王者之政也。」

這是自荀子王制篇第一段節錄出來的。由此，卽可想見其在荀子學術思想中的重要性。他是要以「禮義」來客觀化所有的人；在這客觀化之中以明其統類。在這統類世界中，自有其嚴格而不可踰越的差等，但這差等由禮義之理之系統成，不由生物學血之系統成，亦不由現實之「軍功」之率成。因此，這一客觀性旣一方面是個絕對眞實之客觀性，又一方是一個人可經由其個人之努力而達成之客觀性。政府只立此一絕對之客觀性之禮義，以待天下之民。「安職則蓄，不安職則廢」。至於殘障民衆，政府也有責任養之敎之，使其發揮其有用官能的效用以有一技之長貢獻於社會，此卽所謂「官施」。這樣的殘障民衆政府自當供之以衣服。否則，「死無赦」。這樣，依禮義之理之系統來規定的統類，乃是眞正的統類。其中只有成就而沒有限制，只有廓然之大公而沒有褊狹之自私。這裏他所謂的「禮義」的眞正所指，並不是我們普通在日常生活中所了解的層次，而根本就是我們前面所說爲其大清明所覺察到，與其大清明心混而爲一的客觀的純粹的理之系統。故曰：「夫是之謂天德。」「天」在這裏所代表的就是這純粹而客觀的意義。當然，它也有超越而普遍的意義。不過，既講到純粹而客觀，就已有了超越而普遍的意義了。進而言之，這天德並不眞在天上，而就落實在這人間世界中。落實在人間世界中的天德，就是政治。所以，緊接「夫是之謂天德」，荀子接着便說：「王者之政也」。「法之大分」以它爲根據，「類之綱紀」也是以它爲根據的。

荀子之客觀精神由此而見。

荀子之政治心靈亦由此而見。

㈥荀子重要文獻選錄評述

概論性地敍說荀子，應該算是夠了。下面我們將自荀子書中選出些比較重要的章節，加以解釋討論，以見荀子學術思想之大體。

一

君子之學也，入乎耳，著乎心，布乎四體，形乎動靜，端而言，蝡而動，一可以爲法則。小人之學也，入乎耳，出乎口；口耳之間，則四寸耳，曷足以美七尺之軀哉？古學者爲己，今之學者爲人。君子之學也以美其身，小人之學也以爲禽犢。（勸學篇）

曾國藩在其家書中常告誡其子弟說：「要做一個讀書明理的君子。」他這句話看起來很俗，其實是很雅的。雅就雅在它眞實；它眞實地揭示出求學的眞實方式與其眞實目的。

求學是必須讀書的。因爲書是前人經驗與知慧的紀錄。有前人的書在，我們可以花費很有限的時間，藉讀他們的書獲取他們畢生的經驗或知慧。可是，書都是用字來寫成的，這樣就會使我們在讀書的過程中產生一個很合理錯覺。那就是讀書就是認字；而認字呢，就是查字典。殊不知認字只是讀書的手段或參考，並不是讀書的目的；讀書的目的乃在於獲取前人藉着這些字所要表達的經驗與知慧。不認字固然不能讀書，僅認字也是不能讀書的。再說查字典也只能是認字的手段或參考，也是不能到此爲止，僅此而止的。這本是很淺近易通的道理。非常奇怪的是居然有很多很多人通不得。普通人通不得實不足怪，一些一輩子以讀書爲職事的也通不得就是一件非常令人大惑不解的事情了。我們前面引述劉宗周「今人讀書，只爲句句明白，所以無法可處。若有不明白處，便好商量也。然徐而叩之，其實字字不明白」這句話便是指這些讀書人而言的。

讀書的目的在於明理。明理就是自我們獲取前人的經驗或知慧中提鍊而出不僅屬於前人而可屬於每一個人的普遍性眞理；否則，就是本末倒置了；而且也可說是根本沒有讀書，便是劉宗周所說的「字字不明白。」

現代人讀書目的是在求取科學知識與技能，這自然是也是一種理。唯這種理取得後是應用在「物」上的，它可以與做人無關。古人讀書以成就道德人格爲目的；因此，從書中讀出的「理」必須通過人格之實踐方能算是眞實。荀子這裏所說的「美其身」，「爲己」，「布乎四體，形乎動靜，端而言，蝡而動，一可以爲法則」

是這意思。王陽明所說「良知必須在事上磨鍊」也是這意思。如果，理只是理，與「我」毫無關係，「學」就完全失去了其成就道德人格的意義，理也就只是一種概念遊戲。這樣的理，王陽明給它一個名詞叫「光景」。景就是影，王陽明意思是說這只是道德良知的影子不是道德良知。正如人的相片不等於人一樣，道德良知的影子不等於道德良知。

再說，道德人格之建立本身就是目的，也只應是目的。如果以道德人格之建立爲手段以達到建立道德人格以外的其他目的，就是荀子這裏的「以爲禽犢」的「小人之學」。不僅爲非道德的而且是道德的負數。孔子說：「鄉愿者德之賊也」，就是這個意思。

二

百發失一，不足爲善射；千里蹞步不至，不足爲善御；倫類不通，仁義不一，不足爲善學。學也者，固學一之也。一出焉，一入焉……是故權利不能傾也，羣衆不能移也，天下不能蕩也。生乎由是，死乎由是。夫是之謂德操。德操然後能定；

能定然後能應；能定能應夫是之謂成人。天見其明，地見其光，君子貴其全也。（勸學篇）

道德，不管從理上說，還是從實踐上說；不管從個人的主觀實踐上說，還是從集體的客觀實踐——政治——上來說：都必須是個必然的必然性系統。在孟子，這個必然性系統的根本就是「性善」；在荀子，就是爲大淸明心所察識並與之合而爲一的純粹的客觀的理之系統。道德，不能是出於偶然的。如佛家所說「如蟲食木，偶然成字」，那是不可以的。道德是「理」；理無偶然。由此道德之理系統與實踐系統之必然性，我們也可以證知道德之理與道德之實踐皆具有先驗的意義。在這方面，孟子與荀子並無差別。射、御之善都是經驗 posterior 的，都是偶然的。不要說「百發失一」，卽令百發不失一，萬發不失一，一生從不失一，也都是偶然不能是必然。因一切在經驗中的事物都是「偶然」而不是「必然」。

荀子所謂的學，與射、御，雖然從表面上看起來都是我們經驗中的事情，都應該是偶然的，自然也應該是相同的，其實不同。射與御之所謂經驗的，是徹頭徹尾經驗的，根本就沒有成爲「必然」之可能性；學却必須自經驗的層面達到先驗的層面，必須自偶然的層面達到必然的層面。孔子「下學而上達」就是這個意思。「學」必須達到這一層面，因爲只有在這一層面上，道德之實踐才有眞實的必然保證；如果不能達到這層面就不能算是「善學」，因其根本未透出道德實踐之必然性。「如蟲食木，偶然成字」，那能算是道德！

「倫類」，就是統類，就是道德實踐之社會與政治的客觀意義；仁義，自然是道德實踐之主觀意義。二者其實不能分；分只是敍述之方便。「通」，就系統的通，必然的通；必然的系統，當然爲一「一貫」之一，純粹之一，所以也可叫「一」。所以一就是通，通就是一。是一便不能是二，所以客觀的實踐是這個一，主觀的實踐也是這個一。故曰：「一出焉，一入焉。」學，當然就是學的這個「一」；不能「一」，當然就不能算是善學。這個「一」，就是我們前面所說的純粹而客觀的理之系統。

一個人如眞能以其虛一而靜之大淸明心透顯出此純粹而客觀的理之系統，並與之混化而爲一，就必然是任何外在力量所不能動搖的。佛家說八風吹不動；基督敎說耶穌在曠野中歷經撒旦之諸多試探而不爲所動；孟子說：「富貴不能淫，貧賤不能移，威武不能屈」；荀子這裏說：「權利不能傾也，羣衆不能移也，天下不能蕩也」：都是這個意思。爲什麼能如此呢？因爲，在這時道德不是道德而是自己的生命；自己生命也不是自己生命而是道德。道德與自己生命根本是個「一」。故曰：「生由乎是，死由乎是。」道德如果說也是一種學問，那麼這種學問就是生命的學問。生命的學問就必須與生命爲一，否則生命既不成其爲生命，道德亦不成其爲道德。儒家講道德是如此，佛家講涅槃，莊子講逍遙，都是如此。內容不同，境界則一。只有基督教不是這個方式，所以近代存在主義者便對其深致不滿。存在主義者講主體性 subjectivity 之建立，講主體性卽眞理，就是要求這樣生命與眞理爲一的方式。他們能欣賞莊子，以爲莊子的學問是一種生命的學問；他們不知道，凡儒、釋、道都是生命的學問。佛教的淨土宗與儒家的荀子都有同基督教類似的他力教傾向，但畢竟不同於基督教的，也就在這裏。

道德學問與生命混然爲一，就是道德人格之眞正成就，荀子名之曰：「德操」。孔子「三十而立」之「立」，能從這裏來了解方爲不誤。禮記學記篇言學之「大成」，說是「強立而不反」，也應從這裏來了解。佛家講到佛性時說佛性具有「不變」與「隨緣」兩種特性。「不變」是從佛性的獨立存在意義，「隨緣」是佛性能隨外在環境之變化而相應地生起不同的作用之意義。不過，這二者並不是分別存在的兩件物事，根本互相存在於「對方」之中而爲一的。故曰：「不變而隨緣，隨緣而不變。」宋明儒者好講體、用兩個字，又強調體、用不二而爲一，也是這個意思。譬如孝心是體，這裏自然不能變；變就不成孝心了。可是在生活中孝的行爲——也就是孝心的作用——是應該隨父母之生活情況而有變化的。孔子確曾說過「有事弟子服其勞，有酒食先生饌，曾是以爲孝乎？」這句話，每人自然都當該如此孝事父母；可是，如果父母患有高血壓不應該多吃酒肉之類而應多作些不太劇烈的運動，那我們就應改變方式來孝事他們了。但不管怎樣變，總是孝心的表現方式，都是孝心的作用。孝心不變之本體就存在於這變的孝行中；孝行變之作用就存在於不變的孝心中：二者根本爲一。論語曾有這樣一段記載，說：「子曰：『吾道一以貫之。』曾子曰：『唯！』子出。門人問曰：『何謂也？』曾子曰：『夫子之道忠恕而已矣』！」忠，就是從道之本體而說的；恕，乃是從道之作用而說的：在這裏自是一個「一」。荀子曰：「夫是謂德操；德操然後能定；能定然後能應」。這「定」、「應」兩個觀念，就必須從這本體與作用處來體會，否則一定錯。道德有體有用，才算是成德之人。故曰「成人」。

「地見其光」之光，其實是個「廣」字。荀子這裏是從易經坤卦六二象傳「地道光也」借用而來的。這個「光」字，經近代經學家的考證，乃是一個「廣」字。很對。天上日、月、星辰之光明，與地之廣大，都是天地的眞實。保有這眞實而不失，是天地之「至」。天有天的眞實，地有地的眞實，人自然也應該有人的眞實。人的眞實是什麼？在荀子來說，就是這種當然而不妄，必然而不失，純然而不雜，體、用一如而不二的「善學」。這是人的生命、生活，不僅是「學問」而已。人必須生活在這眞實之中。故曰：「君子貴其全也。」孔子曰：「人之生也直，罔之生也幸而免。」直，就是眞實；罔，就是非眞實。人必須生活在眞實之中；否則，就只有靠僥倖以免於失敗了。老子更不客氣的說：「知常曰明；不知常，妄作凶。」常，就是眞實。人不生活在眞實之中，而在非眞實中「妄作」是一定「凶」的。在這方面，擧世各大宗敎全無差別，它們的差別只在認什麼是眞實，往那裏找眞實而已。

三

人之所以爲人者何也已？曰：「以其有辨也。飢而欲食，寒而欲煖，勞而欲息，好利而惡害，是人之所生而有也，是無待而然者也，是禹桀之所同也。然則人之所以爲人者，非特以二足而無毛也，以其有辨也。今夫猩猩形笑，亦二足而毛也；然而君子啜其羹，食其胾。故人之所以爲人者，非特以其二足而無毛也，以其有辨也。

夫禽獸有父子而無父子之親；有牝牡而無男女之別。故人道莫不有辨；辨莫大於分；分莫大於禮；禮莫大於聖王；聖王有百，吾孰法焉？故曰：「文久而息，節族久而絕。守法數之有司，禮極而褫。」故曰：「欲觀聖王之跡，則於其粲然者矣，後王是也。」

彼後王者，天下之君也。舍後王而道上古，譬之猶舍己之君而事人之君也。故曰：「欲觀千歲，則數今日；欲知億萬，則審一二；欲知上世，則審周道；欲知周道；則審其人所貴君子。」（非相篇）

「人之所以爲人者」，就是人之所以爲人的眞實所在。通常我們都是把我們爲人的眞實放在「飢而欲食，寒而欲煖，勞而欲息，好利而惡害」的生物學生命之上。在這裏，荀子和孟子一樣都認爲生物學的生命眞實並非人所「獨」有的，而是人與其他生物「同」有的；此乃是人做爲其生物學家族中一員的眞實而不是人獨立地做爲「人」的眞實；人在其「人之所以爲人」的眞實上，與其他生物是截然不同的。孟子以爲「人之異於禽獸也」的眞實就是「性善」；而這「性善」是很難看得出來的，故曰：「幾希」。結果，這「幾希」却眞地是很「幾希」的，不僅一般人看不出來，連荀子大儒也看不出來。荀子則完全不從「性善」講人與禽獸的分別。他講人與禽獸的分別，乃至於君子與小人的分別，就在一個「辨」字。

荀子這裏的「辨」，實具有兩方面的意義。

自主觀方面來說，就是上面我們曾說過的那「虛一而靜是謂大清明」之心的透現。一般不虛、不一、不靜、不大清明的心，就是近代心理學中所講的「心」，佛家叫「識心」。在這裏，人與禽獸只有程度上的差別沒有本質上的差別。所以，近代心理學研究都是以動物作試驗的；佛家則說：「一切世間十種衆生，同將識心居住身內」。清明心則不然，只有人有，禽獸是絕對沒有的。它極接近佛家所說的「於境決斷，說之爲智」的智。智與慧，在佛家，有時無別，有時有別。自其無別處而言，通稱智慧；自其有別處而言，慧指如來藏自性清淨心的自我呈現，智指對大千世界無明黑暗之照見。「境」，就是對象 object；決斷，就是照見。所以，智，就是對「對象」的照見。荀子這「虛一而靜是謂大清明」的心境界，與佛家的「慧」同，作用與佛家的「智」類似而不同。其不同乃在於荀子大清明心對客觀世界之照見、決斷是一種理之系統的照見與決斷，因其本身就是一個理之系統的大清明，故名曰「辨」。

禮記樂記篇說：「禽獸知聲而不知音」。「聲」，就是今天所謂樂音、噪音之分別的聲音；「音」，就是今天所謂的音樂。音樂，基本上是由樂音之「聲音羣」加上一定的「秩序」組合而成的，正如通過閱兵臺的分列式隊伍是由「人羣」加上一定的「秩序」組合而成的一樣。當我聽音樂、看閱兵的時候，聲音羣是由我們「耳」所聽到的，人羣是由我們的「目」所見到的；而音樂與隊伍中的秩序却是由我們的「心靈」所體會得到的。禽獸也有「耳」，所以能聽聲音；也有「目」，所以能見人羣；但沒有「心靈」所以不見秩序。故曰：「禽獸知聲而不知音」。「不知音」，就是沒有知覺秩序的能力，沒有一個理之系統的大清明心以照見、決斷秩序。

再自客觀方面言之，荀子這裏所說的「辨」就是「法之大分，類之綱紀」的「禮」，乃人類集體生活中的秩序。這秩序便是使人類的集體生活有別於禽獸的集體生活而眞成爲「人的」human 集體生活之根本道理之所在；所以，也是「人之所以爲人」的根本道理之所在。人類的集體生活不是像禽獸一樣只是一個「集體」，乃是像音樂和分列式的隊伍一樣是一個有秩序的集體。故曰：「夫禽獸有父子而無父子之親，有牝牡而無男女之別。」這父子之「親」，男女之「別」，便是人類集體生活之秩序之象徵。在這秩序中，各層次的集體有各層次集體的分位功能；各個個體在各層次集體中也有各個個體在各層次中的分位功能：這些就是所謂的「統類」，也就是這裏所謂的「辨」，既不能踰越，也不能錯雜。踰越、錯雜，就要生亂；亂生，人就不能過「人」的生活，人就失掉其所以爲「人」之眞實了。而且，這「辨」不僅是人之所以爲人的道理，也是人之所以能宰制自然世界以利於人之生活的道理。故曰：「今天猩猩形笑，亦二足而毛也；然而君子啜其羹，食其胾。」人之於猩猩是如此，人之於自然世界中之一切物亦莫不如此。這一點，荀子雖並未眞切地意識到，但在他的「禮義之統」中確已具有很明顯的傾向了。因爲這是理之系統之必然作用。最有這種代表意義的就是天論篇中「因物而多之，孰與騁能而化之！思物而物之，孰與理物而勿失之！願於物之所以生，孰於有物之所以成！」

借用近代天文學家赫伯 Edwin Hubble 一個觀念來說，理之系統作爲一個理之系統另有一必然的意義，也是沒有被荀子很清楚把握到的，就是理之系統本身既是一個無止境的膨脹中之宇宙 expanding universe，而它作用到人文世界與自然世界也都是個無止境的膨脹中之宇宙。邏輯、數字都是個無止境的膨脹中之宇宙，自然科學是無止境的膨脹中之宇宙，我們都是非承認不可的。但是，如果說人文世界之秩序也是個無止境的膨脹中之宇宙，就會令人嗤之以鼻了。其實，這不僅並不可笑而且也是一個我們非承認不可的眞實。基督教新約經書所載主禱文末了一句話「願你〔上帝〕的道行在地上如同行在天上」之理想，禮記禮運篇所述的「大同」之理想，都是指人文世界之秩序無止境膨脹之宇宙的永遠不可能達到的目的而言的。佛教中地藏王菩薩那句「地獄不空，誓不成佛」也是這種類似的理想境界。我們如果能夠承認邏輯、數學、自然科學的膨脹中之宇宙，我們便應該承認這人文世界之秩序的膨脹中之宇宙。

膨脹中之宇宙，自理論上說，乃是自一點出發向前做喇叭式的無限膨脹。因此，我們可以知道：

一、它必然是一個由簡入繁的無限等差層次；

二、在此無限等差層次之膨脹宇宙中必然有我們不可測的宇宙 unobservable

universe，可測的宇宙 observable universe 與已測知的宇宙 obsersed universe。

邏輯、數學是如此，自然科學是如此，人文世界之秩序自然也是如此。而且，此已測知的宇宙，也是一個由簡而繁的等差層次。這是就已測知的宇宙本身來說的。如果就測知宇宙的人來說，也是可以依其對宇宙測知的程度分爲諸多等差層次的。譬如在數學中，也許有人連一加一等於二還不知道，有些人知道了一加一等於二，五加五等於十等等在日常生活中可運用到的計算，自然也有些人是完全離開了這日常生活中的程度直向那數學的膨脹中的宇宙努力追尋。他們的所得，構成了人類對此數學的膨脹中的宇宙之已測知的宇宙；他們測知的最多。所以，在此已測知的宇宙中，測知得愈少的，人數愈多；測知得愈多的，人數愈少。在邏輯、數學中是如此，在自然科學中是如此，在人文世界之秩序中也是如此。

在人文世界的理之系統中，測知得最多而又付諸實現的人就是荀子所說的「聖王」，其下就是「君子」、「士君子」之類的人物。人羣集體生活中的諸多成員，在這裏有極嚴格的等差層次。在荀子書中，賢不肖的分別就在這裏規定。故曰：「人道莫不有辨；辨莫大於分；分莫大於禮；禮莫大於聖王。」可是，古代的聖王太多了，我們究竟要取法於他們誰呢？在荀子以爲我們當取法於「後王」。後王就是夏、商、周三代的王者，其實是僅指周初王者而言的。三代以前，荀子則稱爲「先王」。不過有時他也順口稱他所謂的「後王」爲「先王」，如勸學篇「不聞先王之遺言，不知學問之大也。」

荀子一再強調「道過三代謂之蕩，法二後王謂之不雅」。雅，就是雅正的意思，用今天的話來說就是「標準」。以荀子看來，三代，尤其是周代的法度是最標準不過的了，凡不同於（二）周代的，都是不夠雅正的，不夠「粲然」的。三代以前並不是沒有法度，只是太荒疏（蕩）罷了。再說，即令三代以前眞有很好的法度，也幾乎是完全失傳了的。如以法度之雅正粲然爲標準來度量先王與後王，自然後王勝於先王，西周勝於夏、殷。在這裏，荀子實繼承了孔子「郁郁乎文哉吾從周」的精神。

唯荀子這法後王的精神與孔子的從周也有一根本不同之處，就在於荀子之法後王只在肯定「後王」之價值，孔子之從周却能肯定「繼周」者的價值。論語問政篇記：「子張問：『十世可知也？』子曰：『殷因於夏禮，所損益可知也；周因於殷禮，所損益可知也；其或繼周者，雖百世可知也』。」在孔子，禮有可損益的一面，也有不可損益只可因循的一面。可損益的，也就是禮記大傳篇所謂可與民變革的，那是禮之節文上的度量、正朔、徽號、衣服等等；必因循的，也就是禮記大傳篇所謂不可與民變革的，那是禮之本質上的親親、尊尊、長長、男女之別等所謂「人道」。人道，卽人之所以爲人之根本，也是禮之根本。荀子也重視這人之所以爲人的「人道」稱之曰「辨」。但是，在孔子，「人道」是第一序列的，禮之節文是第二序列的；在荀子「人道」之「辨」乃是由禮之節文顯出來，節文是第一序列的，「人道」是第二序列的。

荀子也曾說過「百王之無變，足以爲道貫」這句話，可見禮之節文上面也有一個屬於第一序列的東西；對應這個屬於第一序列的東西，禮之節文乃是第二序列的東西。荀子這個不變之道，最後只落在一個純粹客觀之理之系統上。這裏是無所謂人道不人道的。所以，荀子雖然處處肯定人道，他的人道却是完全無根的，只是「先王之僞」而已。

孔子所說的這種不可損益只可因循的人道，就是人之所以爲人的德性生命之本質。孔子稱之爲仁，孟子稱之爲「性善」。只這裏才能負起「百王之無變足以爲道貫」的責任，因爲它既道德的，也是秩序的；既是純道德，也是純秩序。這是孔子客觀精神的根本。孟子雖然客觀精神不夠，但他並不否認人類集體生活中客觀禮文的價值。這一個根本能立得起來，制度文章上無論怎麼變都是無所謂的；而且，制度文章隨著時代之進展與人類集體生活之日趨複雜之必然性，也是必須要變革的；不改變便不足以負起增進人類集體生活與個人生活的責任。

荀子在人之所以爲人之德性生命處全無體會，而且根本加以無情的否認。人之所以爲人的「人道」只成了第二、三序列的東西。這怎麼可以！把一切人間屬於價值的東西都看作是聖王們「僞」出來的東西，一個必然的問題便是聖王可以「僞」，秦始皇、韓非、李斯爲什麼不可以「僞」？荀子只以制度爲制度，否定道德心靈在制度中的根本性作用，便是一種泛客觀主義 pan-objectivism。不講道德便算了，講道德便不能只是泛客觀主義的；道德必須有主觀的意義。

荀子基於他自己制度的心靈反對孟子「言必稱堯及舜」。他不知道孟子之稱堯舜是一種道德心靈點醒的方式，不是一個肯定其實際政治制度的方式。就實際政治制度的觀點來說，孟子也是取法於西周聖王的。在這方面，他講得粗疏不成學問是眞的，他不否認它且能肯定它也是眞的。當然，歷史不可以假定。如可以假定，我們假定孟子如生於荀子之後，孟子除反對荀子性惡說之外，對荀子之重視禮法，統類必是舉雙手贊成的。以實現道德理想的客觀精神與成就自然科學的客觀精神不同。成就自然科學的客觀精神可以完全無涉於道德心靈，實現道德理想的客觀精神，不僅不能離開道德心靈而且必以道德心靈爲其根本之第一義。所以荀子純以禮義之統之粲然明備來看他的所謂「後王」是不夠的。

而且，在人文世界之秩序的膨脹中之宇宙內，爲聖王們所測知與實現的卽在他們當時的現實中也是有限的，所以「堯舜其猶病諸！」孔子固然曾十分讚美周代制度，所謂「郁郁乎文哉！吾從周」。但孔子這句話是把周制度套在與夏、殷二代的比較中來說的，並不是把周孤立起來當做一個「絕對」來說的。在膨脹中的人文世界之秩序，並不是到周爲止的；周照樣是可以被損益的。但荀子「彼後王者，天下之君也」一語，便是把後王當做「絕對」來看了。這無論如何都是不可以的，因爲不管過去的現實也好，現在的現實也好，未來的現實也好，都是不容許有「絕對」的。因爲，一切現實上的絕對不是造成人文世界秩序的停滯，便是人文世界秩序之否定，或是二者兼而有之。韓非、李斯、秦始皇便是一個絕好的例證。

「舍後王而道上古，譬之猶舍己之君而事人之君也。」這句話似是批評孟子「道堯舜」的，但是卻給韓非、李斯帶來了「絕對」化秦始皇的眞實靈感與理論根據。荀子可以只把後王和上古套在時間的過程中來說，韓非、李斯爲什麼不可以把秦始皇和荀子的後王套在時間的過程中來說呢？在時間的過程中與秦始皇比起來，荀子的「後王」也就變成「上古」，皆爲「人之君」而非韓非、李斯自己之君了！

以時間過程中的量度來判斷人文價值世界中的是非以決定自己的取舍，是荀子思想中的一個基本誤謬。

四

禮起於何也？曰：「人生而有欲；欲而不得，則不能無求；求而無度量分界，則不能不爭；爭則亂；亂則窮。先王惡其亂也，故制禮義以分之，以養人之欲，給人之求。使欲必不窮乎物；物必不屈於欲：兩者相持而長，是禮之所起也。故禮者養也。芻豢稻粱，五味調香，所以養口也；椒蘭芬苾，所以養鼻也；雕琢刻鏤，黼黻文章，所以養目也；鐘鼓管磬，琴瑟竽笙，所以養耳也；疏房、檖貌、越席、牀第、几筵，所以養體也。故禮者養也。（禮論篇）

人之生不能無羣；羣而無分則爭；爭則亂；亂則窮矣。故無分者，人之大害也；有分者，天下之大利也；人君者，所以管分之樞要也。（富國篇）

荀子看人的本質非常簡單，一是欲望的，二是羣居的。說穿了，都是生物學本能本然的。人生的基本欲望，就是食欲與性欲。它們都要求一個無限的滿足，雖然它們本身並不能無限地滿足。由此基本的性欲與食欲，滋衍而生出的第二與第三、第四……等等序列的欲望那就更多了。在數量上，已經是一個無限了；在本質上它們也無不要求一個無限的滿足。這正如俗話所說：「欲望是無止境的。」這「無止境」實在有這雙重「無限」的涵義。

人的羣居本質常被一些思想家如莊子，一些宗教家如釋迦與耶穌看作是非本質的或次要的。他們似乎都言之成理，持之有故；其實都完全是錯誤的。「人生」這個概念本來就是一個具有「羣性」內容的事實。這個道理很容易講。試問，除了小說西遊記中的孫悟空之外，那一個人不是父母所生的？父、母二人便是一個「羣」，誰能離開這個「羣」而自有其人生？莊子從未講到他的父母，我們也不知道他的父母是誰，但他畢竟是有父母的。釋迦牟尼即在出家成佛之後也並未否認他是淨飯王與王后夫婦所生的事實。耶穌自稱是上帝的兒子，不是約瑟與馬利亞所生的。其目的就是在強調他不是約瑟和馬利亞這兩個具有生物本質的動物人通過性交的手續而生到世間的。他只是上帝的靈借用貞女馬利亞的生殖器產生出來的。因此，他是「神生」而不是「人生」，是一個「神而人」god-man，不是一個生物學的人。但他畢竟是約瑟、馬利亞夫婦帶大的，他可以否認他的生物學本質，並不能否定他的「羣性」本質。他也是大衞王之後，就生物學的本質來說，他也不能眞否定。他畢竟也是借馬利亞的生殖器官生出來的。而且，自小長大的，非吃飯不可的，具有正常男性生殖器官的。這些，在基督教經典中都是說得清清楚楚的，誰能否認？

所以，人生的生物學本質與羣性本質都是絕對而不可否認的。

這樣，就痲煩了！

個人本身就是一個具有要求無限滿足的無限欲望之生活的存在，却又必須生活在「羣」中。在羣中「自己」以外的其他「個人」也都無例外地是一個具有要求無限滿足的無限欲望之生活之存在。欲望不能自我滿足，必須依賴於一種特定所需的對象。食欲使人產生一種飢渴的生命衝動，就必須以食物和水爲對象來滿足；性欲使人產生一種性的生命衝動，就必須以另外一個異性的人爲對象來滿足。生命的衝動都是「蠢」然而無理則的，故曰：「無度量分界」。佛家說「貪、嗔、癡」三毒，就是從這裏體悟出來的。

這樣，一個不可避免的事實就是爭奪。爭奪就必暴亂，暴亂的必然結果便是：一，個人欲望滿足之所需被他人搶去，個人的欲望便不能得到滿足；二，個人搶去了他人欲望之滿足，他人的欲望便不能得到滿足。前者，在荀子，就叫做欲窮於物；後者，在荀子，就叫做物屈於欲。「欲」，就是個人的欲望；「物」，就是別人。古人解釋這「物」字爲滿足欲望所需的物資是根本錯誤的。這樣，人的生活便與禽獸的生活無異，而且也根本不能成爲人的生活。

這當然是個問題。解決這個問題，「使欲必不窮於物；物必不屈於欲。」個人的欲望，他人的欲望，都在羣體中得到滿足，在荀子，就只有靠「禮」了，而且，在羣體中，個人欲望之滿足與他人欲望的滿足並不是分別地來滿足的；而且在他人欲望之滿足中滿足個人欲望的，在個人欲望之滿足中滿足他人欲望的：個人生活與他人生活，他人生活與個人生活，根本是一個不可分的有機體。故曰：「兩者相持而長。」欲使「兩者相持而長」，在荀子，也是舍「禮」之外沒有其他途徑的。所以，只有在「禮」的度量分界中，「羣」體中每個人的欲望才能同時完成而不致於因爭奪、暴亂以成爲生活之根本否定。故曰：「禮者，養也。」故曰：「無分者，人之大害也；有分者，天下之大利也。」

欲是天生而有的，爲「性」。

禮是人爲而成的，爲「僞」。

所以，荀子思想的基本觀念就是化性起僞，天生人成。這化、生中的根本關鍵與憑藉就是「禮」。

禮是由聖王們制作而成的；聖王們所制作的禮以三代以下的西周爲盛。因此，荀子言禮以「後王」爲宗，特別是以西周初的「後王」爲宗。周，在荀子的心目中，是以一個禮法，統類粲然大備的時代。西周的禮法，在荀子看來，就是如此；然而西周的禮法，本質上是不是就如此呢？這是一個我們在這必須弄清楚的一個問題。要把這個問題弄清楚，我們必須要從解答下面兩個問題見之：

一、西周的禮是否眞地僅由人爲而成？

二、禮記「禮之居人曰養」，與荀子「禮者養也」有無不同的涵義？

西周的禮自現實的規章制度上來說，當然都是「人爲」的，這正如新大陸之發現是由哥倫布努力向西航海而成功的一樣。但是，哥倫布「發現」新大陸並不是哥倫布「創造」新大陸；新大陸是一個天造地設的自然，禮也是一個天造地設的自然。所以，有聖王制作的人爲之禮，有天地造設的自然之禮。禮自典章制度來看，都是聖王制作的，這是禮的外在意義，古人叫做「禮之外心者也」；然禮自精神根據來看，乃是天造地設的不是聖王制作的，這是禮的內在意義，古人叫做「禮之內心者也。」「心」，就是人之所以爲人的絕對內在之眞實，也就是我們前面所說的道德心靈。這就是「經禮三百，曲禮三千，其致一也」的「致」之所在。致，就是理；理，就是形而上的心靈根據。

禮記祭統篇說：「凡治人之道，莫急於禮；禮有五經，莫重於祭。夫祭者，非物自外至者也，自中出生於心也……忠臣以事其君，孝子以事其親，其本一也。」祭禮就是爲五禮「吉、凶、軍、賓、嘉」之首的「吉」禮。祭禮不是「自外至者」，是「自中出生於心」的，其他諸禮也沒有不是如此的。所以「忠臣以事其君，孝子以事其親，其本一也。」「一」，就是此「心」，就是此「理」，也就是西周一切典章制度的內在心靈根據。

西周人是如此，先民稱述帝堯之德也是如此。堯典曰：「克明俊德，以親九族；九族既睦，平章百姓；百姓昭明，協和萬邦。黎民於變時雍。」俊德，就是大德，就是內在於生命中的眞實德性。平，就是「辨」。平章，就是辨明。這就是先民禮制思想的濫觴。這種內在於生命之中的俊德，其實就是內在於生命之中的禮法；把它客觀化出去因時因地制宜，現實社會、政治與生活中的典章制度、禮義法則。西周人在這裏有極明確的肯定。詩經大雅蒸民篇曰：「天生蒸民，有物有則；民之秉彝，好是懿德。」彝，就是具有永恒意義的眞理。秉彝，就是與生俱來的永恒性眞理，就是堯典所說的「俊德」，禮記所說的「心」，孔子所說的「仁」，孟子所說的「性善」。這是一切外在禮制的內在根據。所以，孔子說：「樂云，樂云，鐘鼓云乎哉？禮云，禮云，玉帛云乎哉？」便是孔子對當時只重禮樂的外在意義不能肯定禮樂內在心靈根據之慨歎。所以，他又說：「人而不仁如禮何！人而不仁如樂何！」人而不仁，一切外在的禮文制度全都是沒有意義的！

由此看來，爲荀子所師法的西周聖王在制作禮義法度以作爲人羣集體生活之準則時，並非全憑人爲之「僞」，乃是有其內在的道德心靈以爲根據的。這裏，是一個天造地設的「自然」，絲毫不能以「僞」言；這裏才是一個眞正的「分之樞要」。不過，這個「分之樞要」並不由人君來管，而是由個人的道德心靈自管的。

很可惜，荀子在這裏全無體會。

正因爲在這裏荀子全無體會，所以當他講到「禮者養也」的時候，這養之目的就只在「以養人之欲，給人之求。使欲必不窮乎物；物必不屈於欲：兩者相持而長」之上了。正因爲荀子只能從「欲」處看人，所以他便很自然地以爲禮的正面價值就只在「養」人的「欲」了。

禮記也有「禮之居人曰養」這樣一句話：「夫禮本於天，動而之地，列而之事，變而從時，協於分藝，其居人曰養。」「天」，就是我們前面所說的道德心靈。因爲道德心靈具有先驗的、絕對的、普通的、超越的、自然的、理則的……諸意義，所以樂記便稱它爲「天理」。「本於天」，就是說禮的根本不在任何人的人爲之「僞」，而在具有上列諸意義的道德心靈，也就說是「天」。這樣從道德心靈上說禮之根本，乃是指禮的理念意義而說的。

可是，禮不能只是個理念，正如「孝」不能只是個理念一樣，它必須要成爲一個實現 actualization。「動而之地」，就是「實現」的象徵語言。因此，「天」的道德心靈是「禮」的根本、理念；而「禮」自然就是道德心靈的實現了。道德心靈的禮之實現，不能是掛空的，必須是在「事」上見其作用的。所以，孝不能只是個理念，不能只是個規矩制度，它必須在晨昏定省、生養死葬上見其作用。王陽明說良知「必須在事上磨鍊」便是這個意思。事是具體一件一件的，故曰：「列而之事。」

凡是講到事件，都具有變動性；事件之變動，乃由環境條件所決定；所謂環境之變動，乃由時間與空間之變動所決定：故曰：「變而從時。」事件既「變而從時」，禮就也應該「變而從時。」如果事變而禮不變，那麼這禮不僅不能達到成就事的目的反而一定會得到妨害事的反目的結果。這便是王船山所謂的「立理限事」。胡適就是要在這地方打倒舊禮教的。不錯，孔子確曾說過「有事弟子服其勞，有酒食先生饌，曾是以爲孝乎？」這句話；可是，如果父母患有高血壓，這個孝的「方式」便必須整個「變一變」了。否則，死守孔子言語必成爲孝的否定。

事件與事件之變動性，對「我」來說，都完全是外在的。事件與其變動性可以完全是外在，禮不能完全是外在的，必須具有內在的意義，因爲禮是由「我」來實踐的。「分」，漢人鄭玄解釋爲「月之分。」根本就是一種莫名其妙，沒有意義文字漶漫，不僅是錯誤不錯誤而已。分，就是「我」之分，就是主觀的「定分」；藝，就是「材」，就是孟子所說「盡其材」之材，就是人主觀的「能力」。協者，合也。禮不僅要列而之客觀的事，變而從客觀的時，而且還要合乎主觀的「定分」與「能力」。主觀的定分與能力之乘積，就是「我」的當該，在古人就叫做「義」。

所以禮記下文便說：「禮也者，義之實也。協諸義而協，則禮雖先王未之有可以義起也。義者，藝之分，仁之節也。」

「其居人曰養」之「養」，鄭玄解釋「義」，以爲是一個字形之誤。完全錯了。這個「養」字，就字來說，同於荀子「禮者養也」的「養」字；就義來說，二者是很有差異的。養，我們前面講到周代禮敎的時候曾經說過就是禮之「成就」意義。在荀子，禮的這成就意義只落在「欲」上，只對欲望之滿足負責任；在禮記這裏，就不僅只在「欲」上，也在道德心靈上，而且主要在道德心靈上。禮之目的與作用，卽在成就道德，實現道德。當然，從文字學的解釋上來說，荀子的說法是對的。養之爲字，從羊從食，從羊得聲，從食得意。以食爲養，當然是養欲的。可是禮記在這裏所用的並不是它的文字學意義而是它的象徵意義以象徵成就或實現。鄭玄只是個文字學心靈，所以他根本不能懂。任何成就與實現都要求一個「圓滿」，禮之成就、實現道德心靈自然也不例外。爲了表達這「圓滿」的概念，禮記又用了一個象徵字，「肥」。禮記說：「故治國不以禮，猶無耜而耕也；爲禮不本於義，猶耕而弗種也；爲義而不講之以學，猶種而弗耨也；講之以學而不合之以仁，猶耨而弗穫也；合之以仁而不安之以樂，猶穫而弗食（按：此食字舊本作肥，錯了。）

也；安之以樂而不達於順，猶食而弗肥（按此肥字舊本作食，也錯了。）也。四體既正，膚革充盈，人之肥也；父子篤，兄弟睦，夫婦和，家之肥也；大臣法，小臣廉，官職相序，君臣相正，國之肥也；天子以德爲車以樂爲御，諸侯以禮相與，大夫以法相序，士以信相考，百姓以睦相守，天下之肥也。是謂大順。」大順，就是道德心靈的絕對圓滿的實現。道德心靈得到這樣絕對圓滿的實現，「欲」之「養」，「體」之「養」，自然不成問題的。道德心靈之養是「本」，欲、體之養是「末」。

荀子在這裏，正好是本末倒置了。

五

君子既得其養，又好其別。「曷謂別？」曰：「貴賤有等，長幼有序，貧富輕重，皆有稱者也。」（禮論篇）

分均則不偏，埶齊則不壹，衆齊則不使。有天有地，而上下有差，明王始立而處國有制。……使貧富貴賤之等，足以相兼臨者，是養天下之本也。書曰：「維齊

非齊。」此之謂也。（王制篇）

荀子這兩段話看起來似是很簡單，其實很不簡單。因為這牽涉到一個非常重要的問題，這問題自古至今一直困擾著世界人類不得解決。那就是在人類社會生活中的「差等」與「平等」的問題。究竟差等好呢？還是平等好呢？當然，一提到這問題，我們就會立刻不加思索地回答道：「平等好！」其實，這很不一定。如果我們肯稍加思索，我們就會發現，差等固然不好，平等也好不到那裏去。在我國先秦的思想家中墨家和道家是主張平等的，儒家和法家是主張差等的。法家暫時不講，如果差等眞是不好，平等眞是好，儒家的聖賢們爲什麼要竭力這樣主張並且竭力斥責那竭力主張平等的墨家呢？可見平等是有問題的。

荀子是主張人間社會是應有差等的，而且舉「有天有地而上下有差」之例來說明。這個例子是很好的，天地上下，山川高低，都是有差等的，可見有差等是個自然現象，強要拉平便是違反自然。莊子也曾說過：「夫物之不齊，物之性也。」不齊，就是差等。萬物本來天生就是有差等的。不過，我們都知道莊子不僅是主張人人平等的且主張物物也都是平等的。所以他們要「齊物」。物物不齊是眞的、物物平等也是眞的。荀子這例子並不眞正恰當。天地固有高下，但這高下是人的眼睛分辨出來的，天地本身是無所謂高下的。再說，與人類極類似的動物在羣居生活中都是平等而無差等的。爲什麼一定要在人的生活中妄造差等？可見差等是也有問題的。

平等、差等都是有問題的。

我們該如何取舍呢？這不是一個「兩難」嗎？

其實，這裏並沒有什麼「難」，這些「難」大概都是我們自己的思想糾結造成的——人類實在是一種最會糾結自己的動物。

現在讓我們從墨子和莊子反對人間社會的差等處來看看爲儒家和法家所主張的「差等」之意義與價值究竟是什麼。

墨子主張無差等的「兼愛」反對儒家「仁」的差等之愛。他主張愛人之父如己父，愛人之國如己國。顯然這是大「公」而無「私」的。近代，西方基督敎與民主政治傳入我國，基督敎所倡言的博愛 universal love 頗與墨子兼愛相近；民主政治中的平等思想也很類似墨子無差等觀念。所以，墨子思想，在近幾十年的我國，實受到相當份量的重視。一般人望文生義，便隨便拿他們來比附；其實，並不相應。

孟子批評墨子曰：「墨子兼愛，是無父也……是禽獸也。」這是很公允的。可是，近幾十年來，這句話却被許多不長大腦的人斥爲人身攻擊、謾罵。按這裏所謂「禽獸」，即是生物學存在的意思；並沒有今天罵人的意思。即今天用「禽獸」來罵人，或聞人言其爲「禽獸」而有被罵之感，都是由於儒家之道德標準爲基本肯定之心理而然的。否則，「禽獸」並沒有構成一句罵人話的任何條件。正如今天你說一位基督教徒「沒有良心」，他若勃然大怒便證明他不是一位眞正的基督兒女而是一位口不言孔孟的孔孟法嗣；他若聞之欣然而喜，認爲你正是他的知心之人，便證明他是一位眞正的基督徒了。因爲，一位眞正的基督徒必須肯定自己是一個罪惡的存在而不是一個良心的存在。一位眞正的墨者必須是「無父」的，「有父」便不能稱爲一個眞正的墨者。「無父」就是在「愛」的分配上把自己的父親看得和其他不相干的人完全一樣，不能有任何差別。一有差別，便不能稱爲一個眞正的墨者。自己的「父」與其他的個體完全無差別，在現實世界當中，只有純生物學的禽獸羣是如此；人的社會生活必須是有差別的。故孔子曰：「鳥獸不可與同羣。」

爲什麼呢？

實在說來，要弄清所謂「兼愛」與「差等愛」之間的是非曲直，必須弄清「

愛」之本質與「愛」之實現之間之區分。這「愛」之本質與愛之實現之間的問題，其實就是道德之本質與道德之實現的問題。在以下的引文中，我們或稱「道德」或稱「愛」，其實是一樣的。

道德與愛之本質，落在現實人生上來說，就是道德與愛之理想。愛或道德，自其本質或理想處說，必須是普遍 universal 而不應該有任何差等的。它本身是一「理」之存在，不具時間、空間相，故無時間、空間之限制。所以，我們不能說愛這個不愛那個，愛這個多一點愛那個少一點；愛現在的人不愛過去與未來的人，愛現在的人多一點，愛過去未來的人少一點。孟子說：「盡其心者，知其性也；知其性，則知天矣。」即表示道德的心靈的本身乃是個無限的存在，這種「愛」自然是普遍的。又說：「思天下之民匹夫匹婦有不與被堯舜之澤者，若己推而內（納）之溝中。其自任天下之重也。」更表示不僅道德心靈之本身是個無限的，人生活在現實世界中，他們道德責任感也是無限的，普遍的。無限的，普遍的，也就是無差等的。在這如有差等，如有限，如不普遍，便是自私，便不成道德，不成愛，不成其所謂仁了。

可是道德或愛不能只是一個感受或一個心靈的存在。也就是說它不能僅是個

「理」；它必須實現出來而成爲一件「事」。就其爲「事」來說，它就一定是有差等的、有限的、不普遍的，但却不能說是自私的。這可從兩方面來說。

一、自主觀之實踐來說，實現道德或愛不是想怎樣實現就可怎樣實現的，這牽涉到「能力」的問題。猶太經典中所說的耶和華上帝卽是一個普遍的「愛」，也是一個普遍的「能力」。他的普遍愛就是他的普遍能力，他的普遍能力就是他的普遍愛。他可以隨其意志以實現他意志所在的任何實現。但是，人就不同了，任何人都是一個有限能力的存在，任何人都不能隨其意志以實現他想實現的事情。而且他這有限能力也是有定點的。這定點就在於他具體生命所在之處。所以，離他這有限能力的定點愈近的地方，他的道德或愛之實現性愈強；愈遠的地方愈弱。這是自然，不是自私。

譬如一支火炬，它散發出的光與熱自然是愈近愈強烈，愈遠愈淡薄的。我們能說火炬自私嗎？火炬是如此，常被我們人類形容爲無限光與熱的太陽又何嘗不是如此？它的「無限」是我們人類假想出來的；只在詩與宗敎的語言中具有一種象徵性的作用，在科學的語言中則完全是個「荒謬」。

人在道德或愛之實現中，既然離其能力定點愈近的地方實現性愈強，愈遠愈弱；自然離他愈近的個體接受他的道德實現愈多，愈遠則愈少。這便是儒孔孟差等之愛的自然根據，這裏是絕對不能講平等的。因爲，那根本是違反自然的。

儒家主張「親親之殺」（殺，音同曬。就是由強至弱之等差。）並不是「故意」要對自己的父母、子女好一點，對別人的父母、子女差一點，乃是自然而然地非如此不可。所以，人在道德或愛之實現中，如果一定故意要求普遍，便必然要否定差等；否定差等，便必然要否定父母、路人與「我」之間之不同，而勉強求同。所以，孟子便評墨子爲「無父」。再說在愛的實現中講「普遍」，除了具有無限能力的上帝可以全然實現外，古往今來無一人能夠全然無差等地實現。人旣無能力像上帝一樣全然，無差等地把道德或愛如其本質一樣地實現出來，便應根據其有定點的有限能力，由近及遠，在差等次第中，實現他的愛或道德。這是道德或愛之實現之必然，不同於道德或愛之本質之必然。這兩層不同的必然，都是先天的，絕對的，普遍的，沒有任何「人」可以例外。

墨子口口聲聲反對儒家的差等之愛，力倡其所謂兼愛，便是因其只見愛之本質之必然，不見愛之實現之必然；他要強以愛之本質之必然加在愛之實現上面去的。試問：他自在現實上究竟「兼愛」了幾個人？因此，他的「兼愛」只是一個徒騰口說的妄談戲論，完全沒有實踐之可能性。實質的可能性固然沒有，甚至連個邏輯的形式可能性也沒有。孟子批評他「禽獸」，正如孟子批評告子「率天下之人而禍仁義」一樣，都是從理之必然上說的。把「父」看得和一般路人一樣，當然就是「無父」；「無父」當然是「禽獸」之道。這裏固然沒有贊美墨子的意思，也沒有辱罵墨子的意思。只是依照墨子的兼愛說，做一個理之當然的陳述而已。

二、上面我們是純粹就個人在愛或道德之實現中來說等差之必然性，尚未說到社會差等的必然性。社會差等之必然性，其實也是建立在個人在愛或道德之實現中差等之必然性上，並以之爲基礎的。這種道德或愛的實現之等差性，我們說過，是建基在人之有限能力這一事實上的。其實，人的有限不僅只在能力上見；在時間上，在空間上，在知慧上都是有限的。所以，人可以說根本是一種有限的存在。人以其存在之有限實現道德或愛之無限，自然是不能普遍的，自然是必須要在由近及遠之差等中的。差等既是自然的，就不能說是自私的；故意否定差等，既是不自然的，也是非人性的。所以是「禽獸」之道。

上面所說，是在個體生活中愛或道德之實現之差等性。

在集體生活中，也就是在社會生活中，個體與個體之間，也有一個比較的差等性。我們前面說過，人根本是一有限存在。這是僅就個體而說的。如果以集體來說，每個個體的有限性也是不能齊一的，卽令身體構造完全齊一的雙胞胎兄弟，他們所佔的時間與空間也有不同。莊子就在這裏講「夫物之不齊，物之性也。」人的具體存在，就是人實現道德或愛的憑藉；憑藉旣不齊一，實現道德或愛的成績自然也不能齊一。這不僅是天經地義的，而且也就是人的集體生活與禽獸之羣體生活之根本差異處。這就是儒家所謂的「尊賢之等」，與「親親之殺」、「男女之別」同爲人之所以爲人的根本道理之所在。如果這也叫做「禮」，那麼這便是第一序例的，不可與民變易的禮之根本。這種愛或道德實現之差等卽是人間社會之差等的充足原因。愛或道德實現之差等是自然而必然的，人間社會之差等就也是自然而必然的。同理可證，漫去這差等便必然地要使人間社會生活成爲「非人的」。墨子之不通卽在此。

可是，人間社會中的差等有不僅於此者，如印度歷史上婆羅門、刹帝利、吠舍、首陀羅四種姓，我國歷史上各代末世的公、侯、伯、子、男五等爵便是。這些，都不是自然而必然的，都不是以道德或愛之實現之差等爲充足原因，而僅是靠血統關係一個條件來決定的。所以，用現在的名詞來說，這都是非理性的虛妄分辨。這種非理性的虛妄分辨，在古今中外的人類集體生活中實隨處可見，名目繁多，不一而足。我們這裏只不過拿印度古代的四種姓和我國古代的五等爵作為例子而已。在這種由非理性的虛妄分辨形成的差等中，最上層的最少數人事實上佔有了人羣集體生活中最多的支配權力與享受權力；而且，他們也常常濫無法則地利用他們這權力，製造下層多數人痛苦以滿足自己的享受。這不僅是一種不平等，而且根本就是罪惡了。這種差等自然是要不得的。

對應這種要不得的差等，釋迦牟尼提出了衆生平等的觀念。他以為不僅人與人之間是平等的，卽人與鳥獸蟲魚也是平等的，因同為「生命」故也。很顯然，釋迦牟尼之衆生平等的觀念，一方面在衆生之所以為衆生的生命存在的本身上說，一方面在衆生同具有成佛得解脫的基本潛能性——卽衆生皆具有之佛性——上說。在成佛這件事情上，人以外的其他衆生雖也具有佛性卻因業障太大不能成佛，必待轉成人身方能成佛，故曰：「人身難得。」這樣，人與其他衆生之間便有一個不平。雖然這不平對人來說是沒有意義的，但畢竟也是不平。小說西遊記作者使猴子與豬都成了佛，是不是要替人以外的其他衆生鳴不平就很難說了。

因此，為釋迦所肯定的衆生平等，其實乃是人人平等。而這人人平等也是只落在「成佛之因」上說的，不是落在「成佛之果」上說的。果，就是成績。人在成佛修證之成績上，是各有各的體段，各有各的次第。佛因是平等的，佛果是差等的。因爲，從佛因到佛果，用現在的哲學名詞來說，不是一個分析命題 analytical proposition 的方式，而是個綜合命題 synthetical proposition 的方式。那就是說，佛果並不是從佛因中直接分析出來的，而是由佛因加上其他條件綜合而成的。加上什麼條件呢？簡單說來，就是修證與機緣。機緣依賴人在時間、空間中的外在遇合，修證依賴個人與生俱來的生命力，卽所謂根器。在這兩方面天下沒有兩個人是相同的。因此，佛果必然是有差等的。

墨子與道家中的老子與莊子，不僅不承認這種虛妄分辨的差等，也不承認人類在實現愛或道德中因差等能力所形成的差等成績。他們認爲這統統都是虛妄而要不得的。二家的立論點雖然不同，最後的歸宿卻是一樣的。都在否定人間社會的所有差等。

儒家，不論孔子、孟子、荀子，對這些虛妄分辨的差等之態度就不同了。他們共同認爲虛妄的分辨一定是要不得的，而分辨本身卻是少不了的。基本的原因就是在人羣集體生活之中無「分辨」就不能使集體中的每個成員得到他應該得到的生活。「物有本末，事有終始，知所先後，則近道矣。」凡事都有它的內在秩序，離開這內在的秩序，人便不能成就任何事情。而「分辨」就是人羣謀求集體生活，並在這集體生活中謀求個人生活這件事情的內在秩序。因此，當我們面對一些虛妄分辨的時候，我們當該採取的態度不是怎樣把這些分辨一脚踢翻，而是怎樣把這些分辨中的「虛妄性」拿掉，並給它注入一種屬於「眞實」的東西以成全它。成全這些「分辨」就是成全我們的生活。在基督教經書的記載中，我們知道，爲摩西藉著上帝的啓示所制定的律法到後來便在一些律法師 cribes 和法利賽人 phorisees 手中變成了不能成全人只能限制人的虛妄分辨。當耶穌挾着救世主的使命傳道的時候，有人問他能不能毀掉律法，耶穌回答道：「我來是成就律法的，不是毀掉律法的」。他這不毀掉律法而成就律法的態度就是儒家對當時虛妄的社會分辨所持的態度。

在人羣的集體生活中如果完全沒有分辨，就表示完全沒有秩序，那便是一個亂七八糟的混沌。在混沌中，是沒有任何事情可以成就的。所以要成就必須立秩序，起分辨。分辨的第一要義就在決定名、實。故分辨必須有名有實。有名無實的分辨，就是虛妄的分辨。虛妄的分辨，我們說過，非僅不能成事且足以害事。故有名必須有實。這便是孔子「正名」的眞意所在。孔子一生的工作也可說就在正天下的名分而已，在春秋一書中尤其彰明較著。

司馬遷稱頌孔子的春秋爲「貶天子、退諸侯、討大夫」的書。卽是說孔子用天子、諸侯、大夫當該有的「實」來「正」春秋時代那些天子、諸侯、大夫的「名」。這表示孔子的客觀精神。孟子在這方面雖然承傳的比較不夠，但也是深有體悟的。因此，當別人問到他有關「周室班爵祿」，也就是周代行政人員的差等及其待遇的問題時，他沒有採用傳統的「公、侯、伯、子、男」五等爵位及其待遇的說法；而是說：「天子一位、公一位、侯一位、伯一位、子、男同一位」的差等及其待遇。表面上看來，似是不合史實；但是，孟子卻別有目的。他的目的乃是要把天子也拉到「正名」的差等秩序中去，「聞誅一夫紂也，未聞弒君也」，便是此意。

荀子，我們曾說過，對孔子的客觀精神特有領會與承傳。因此，他特別重視人羣集體生活中差等分辨，唯這差等分辨不是根據血統關係而成，而是根據德行、學問的成就而成的。有其德必有其位；有其位必有其祿。反之，無德者自不當有其位；無其位自不當有其祿。故曰：「雖王公士大夫之子孫，不能屬於禮義，則歸之庶人；雖庶人之子孫，積文學、正身行、能屬於禮義，則歸之卿相士大夫。」故曰：「無德不貴、無能不官、無功不賞、無罪不罰。」以爲貧富貴賤必須有「

等」。因爲那是「齊天下之本。」

爲什麼呢？

因爲只有在貧富貴賤有差等的社會中，才能鼓勵人運用其聰明才智謀求其個人福利與公衆福利。所以荀子不贊成均平主義，而主張等差制度。當然，孔子曾經說過「不患寡而患不均。」好像孔子就是一位均平主義者。其實，孔子那句話是在社會財富極「寡」的情形下說的，並不是在社會財富相當繁庶的情形說的。就社會財富來說，寡是變態、繁庶是常態。所以荀子這主張乃是就社會發展之常態而說的。就社會發展之常態來說，社會財富與社會榮譽之分配必須有差等乃可鼓勵人向上之意志與努力，以成就其更高之成就。而這更高的成就，表面看來是僅屬於個人的，其實也是屬於社會的，所以是「養天下之本。」

三、老實說，墨子漫差等的思想談不上什麼哲學基礎，他的兼愛學說也沒有什麼形而上的根據。不過，荀子卻給他一個哲學的解釋，那便是人生普遍性 universality 的肯定。荀子中說，「墨子有見於齊無見於畸。」，齊，就是人生的普遍性；畸，就是人生的個體性 individuality。人生是兼具這這兩種意義的。都是人生的眞實，不能偏廢。人生的個體性意義，就是今天一般人所說的「小我」；人生的普遍意義，就是今天一般人所說的「大我」。這兩者必須是同時完成的，因爲它們同是人生之眞實。

朱熹有句很形上學的話對這個問題確是一個很好的說明，他說：「統體一太極，物物一太極。」太極，就是一個具有自我目的的眞實存在。自宇宙論的立場來說，宇宙之整體，也就是「統體」，是一個具有自我目的的眞實存在；宇宙之間的每一物，也就是「物物」，也是一個具有自我目的的眞實存在，凡是具有自我目的意義的眞實存在，都必須是我們努力以完成的對象，不能是我們存心要犧牲的對象。這裡所用的「對象」，只是假借用法，不能認眞，因凡「自我」都不能是對象。在朱子認爲，「統體一太極」不能離開「物物一太極」自太極其太極，「物物一太極」也不能離開「統體一太極」而自太極其太極；「物物一太極」必須在「統體一太極」中太極其太極，「統體一太極」也必須在「物物一太極」中太極其太極。這話聽起來似乎是很玄，其實是極眞切的。

孟子說：「墨氏兼愛，是無父也；楊氏爲我，是無君也：無父無君，是禽獸也。」這「禽獸」二字如果僅是孔子所謂「鳥獸不可與同羣」的自然生命的，動物學的意義倒還勉強可以。人羣集體或個體生活如果眞能像鳥獸一樣自由自在地生活下去也是很好的。問題是孟子用這兩個字時還有「災難」的意義。故比之以洪水、猛獸。

這怎麼可能呢？

否定個體性，觀墨子之意，乃是否定個體性中的自私性 selfishness 。但個體性不僅只是個自私性而已，它是個自我性 selfness 。「自私」，是應該否定的；「自我」，不僅是不應該否定的，而且是應該證成的。因爲自我一方面是個體生活中實現愛或道德的起點，也是集體生活中實現愛或道德之起點。普遍性必須落實在個體性上，否則，既無眞正的個體性，也無眞正的普遍性。故荀子說墨子：「有齊而無畸，則政令不施。」又說：「不知壹天下建國家之權稱，上功用大儉約而漫差等，曾不是以容辨異、縣君臣。」這就是表示根據墨子否定個體性的說法，是根本不足以代表普遍性的天下、國家。因爲天下、國家之普遍性必須在由肯定自我之個體性而呈現的差等禮制中成就。沒有「自我」，那裏能有「天下」？

墨子兼愛，因否定自私而否定自我便是大錯特錯。

人生的普遍性與個體性必須同時肯定。否則，無論是否定普遍性只寡頭地肯定個體性，或是否定個體性只寡頭地肯定普遍性，其結果都必將是一個絕對虛無的純粹否定，落在現實人羣集體生活中都必將造成毀滅性的災難。從社會學或政治學的立場來講，否定個體性只寡頭地肯定普遍性就是集體主義 collectivism，否定普遍性只寡頭地肯定個體性就是個人主義 individualism。在歷史發展中，我們知道強調集體主義的韓非、李斯、秦始皇、希特勒、馬克斯主義的信徒們與強調個人主義的魏晉名士、五四輕浮少年、虛無主義 nihilism 的信徒們，他們對人羣集體生活的「貢獻」完全是一模一樣的。他們確否定了一切他們所要否定的，可是到最後他們也否定了他們自己。

因此，我們可以說，人生的個體性與普遍性是必須同時肯定的。

三、荀子天論篇評解

荀子這篇「天論」其實應該叫做「天人論」或「天人關係論」。因爲，他在這篇文章中，不僅講天，也講人，也講天人之間的關係。

天人關係，一方面，是一個最原始的問題。因爲，不管任何一個民族，只要它一開始會運用大腦來思考，首先爲它所思考的便是天人關係這一個問題。同時，這天人關係，一方面又是一個最精密的問題。因爲，當人們發現自己的思考能力愈來愈精密的時候，他們就會發現這天人關係的內容也愈來愈精密了。而且，這一個具有精密內容的天人關係，像背著太陽爲人們追逐的自己的影子一樣，永遠在自己的前面。那就是說，人類的文明愈進步它的內容愈精密，自然也就愈複雜。

但是，不管這天人關係問題的內容有多麼精密複雜，它的基本模式卻只有三個。精密複雜是程度的分別；模式是方向的分別。

這個問題究竟有那三個模式呢？

第一，宗教、迷信的模式。這種模式，基本上認爲天是人的主宰，人只是天的附屬品、被治者。人有善惡，天便有賞罰。所以人間一切的禍福、吉凶，都是由天來決定的。於是，宗教家天堂、地獄之說，便自然而然地產生了。持這種看法的人，以爲人間的善惡究竟是不是善惡，並不能由人來決定，更不能由人在世間活著的這幾十年決定，必須等到死後才能由天來決定。這是人類有史以來所有宗教的共同看法，全無例外。這樣的看法，自然不能免於迷信的成分。

第二，道德心靈的模式。前面我們說到宗教與迷信時，我們在這兩個名詞之間加一個「、」，那就是說這兩個名詞所代表的內容可以是相同的，也可以是不相同的。這裏說到我們道德與心靈時，中間沒有加一個「、」，就表示在我們用這兩個名詞來討論天人關係時，道德就是心靈，心靈就是道德，二者根本是不可分的。這種道德心靈便是人的主宰。除了它，再沒了其他的主宰了。一切的善惡、禍福、吉凶，都在這裏說。它既是「人」的，也是「天」的。因爲這樣的道德心靈，雖然是屬於「人」的，但它卻是一個普遍的（universal）與永恒的（eternal）的存在，所以也是「天」的;這樣的普遍而永恒的存在,雖然是「天」的,但它卻是內在於我們每個人的具體生命中又爲我們生命的主宰,所以又是「人」的。這便是古人所說「天人合一」的眞正意義。

第三,自然現象的模式。如春、夏、秋、冬的運行,風、雨、陰、晴的變化,都是一種自然現象,都是屬於天的事情,人分毫也管不了它。不過,人分毫管不了它,它也分毫管不了人。人的禍福、吉凶,都是人因其爲善爲惡,爲勤爲惰而自取的。天既沒有判斷人間善惡、勤惰的能力與意志,也沒有賞善罰惡,褒勤貶惰的意志與能力。天只是一個自然現象,而且是個物理性的自然現象。這樣,天自是天,人自是人。各不相涉。

荀子看天,便是這第三種模式。

這自然很合乎近代人頭腦,因此,也最容易爲我們近代人所接受。下面,讓我們就依天論篇原文,逐段逐句加以評解,看看荀子究竟是怎麼解釋天,解釋人,解釋天人關係的。

天行有常。不爲堯存,不爲桀亡。

一句話便把這種天自是天，人自是人的天、人了無關係的天人關係說得清清楚楚了。

「行」，以前有人做動詞解釋，就是「運行」的意思；有人作名詞解釋就是「道」的意思，「天行」即「天道」。其實，這兩種解釋完全沒有實質上的分別。我們就說是「天道的運行」好了。「常」，就是定常不變。天道運行的春、夏、秋、多，風、雨、陰、晴，是天道的不變的「常」，與人間社會的善、惡、賢、不肖的差別變化完全沒有關係。像唐堯那樣聖明天子在位的時候是如此；像夏桀那樣殘暴不仁的獨夫在位時也是如此。天道運行的「常」，並不爲人世間是堯是桀而有任何變易。用數學名詞來說，天道是個常數 constant；人道是個變數 variable。人道中的善惡變化是根本沒有一個定準的，所以是個變數；天道運行永遠都是那個樣子的，所以是個常數。天道的常數自是常數，人道的變數自是變數。各不相涉。不管人世間如何變幻無常，天總是那個「常」。所以說：「天行有常。不爲堯存，不爲桀亡」。

荀子這種看天的方式自然是純粹自然主義naturalism的立場。他自然是不能承認道德心靈之「天」的。其實，道德心靈，或說是道德理性，自一人處來說，它是個「個體性」的存在，不僅是與生俱來的，而且就是我們人之所以爲人的根據，「不事而自然」，所以是個「天」；自人人處來說，它是個「普遍性」的存在，不爲任何個體所局限，擴而充之，就是宇宙之所以爲宇宙的根據，「不事而自然」，所以也是一個「天」。這個「天」，也有它的運轉與作用，此即所謂「行」；它這「行」，也有它的定常不變性的「常」；它這「常」，也是「不爲堯存，不爲桀亡」。而且，堯舜的至聖至善不能使它多一點；桀紂的至暴至虐也不能使它少一點。這樣道德心靈的天，是孟子學問的精神所在，是荀子所根本不能承認而且還堅決反對的。

那麼宗教、迷信的「天」呢？

荀子自然就更不能承認，更反對了。

天論篇就是在他這種意識下寫成的。

無論是從文化、歷史、哲學那方面說，宗教與迷信都是不同的，不過它們卻有一個地方是完全相同的，那就是它們都在人類現實生活之上遙設一個也好像人一般的有意志能力，有善惡判斷，普遍而絕對存在的主宰，來主宰人間社會與全宇宙。人間吉凶禍福全是由它來執掌的。它的名稱可以隨宗教、迷信之不同而不同，但可以通名之曰：「天」。如果我們只承認一個自然意義的「天」，不能承認這樣一個具有主宰意義的「天」，一個基本的問題馬上就會來困擾著我們。那就是：人間的吉凶善惡是怎麼來的？

荀子的答案很簡單，很清楚也很直截了當。

> 應之以治則吉，應之以亂則凶。

天道運行只是一個客觀的常道。它不僅就是那個樣子地自己在那裏運行著，而且我們人又必須就在它這運行中生活著，一點也沒有辦法離開它。這個意思，荀子雖未明說出來，卻是暗中自有的。對於這樣一個天道運行，人並沒有自由接受它或不接受它；人只有自由怎樣來接受它，用什麼方式來接受它。誰的方式恰當，誰就能在天道運行中得到福分；誰的方式不恰當，誰就會在天道運行中得到災難。「恰當」，就是荀子這裏所謂的「治」；不「恰當」，就是荀子這裏所謂的「亂」。「治」、「亂」是人的事不是天的事，所以人們生活中的「吉」、「凶」便是人自己造成的不是天降下來的。

那麼什麼叫做「治」，什麼叫做「亂」呢？

強本節用，則天不能貧；養備而動時，則天不能病；修道不二，則天不能禍。故水旱不能使之飢，寒暑不能使之疾；妖怪不能使之凶。

「本」就是男女本分的耕、織生產事業；「用」就是消費。加強生產，節制消費，也就是我國傳統上所謂的勤、儉，在原始的農業社會中確是充裕日常生活的不二法門。雖然在近代化的工業社會中影響貧、富的外來因素既是多得不可勝數又是大得難以估計，但勤、儉二者仍不失其爲生活富裕基本因素的地位。勤、儉表現方式可因古今時代與社會結構、生產消費結構的不同而不同，但基本原則乃是不能不同的。這就是普通所謂的「天變地變道不變」。身體之健康與否也是如此。疾病成因，或由外部病毒之侵襲，或由內部生理之變化，可說是防不勝防，但是完備的營養與適時的運動卻永遠都是一個健康身體所必備的條件。至於說到人生中的災禍，更是常有所謂「閉門家中坐，禍從天上來」的情形發生。自古皆然，於今爲甚。但是，建立自己完美的人格，而且守持其基本做人做事原則而不變，永遠都是我們做人做事的根本。

照我們這樣說來，一個人「強本節用」，也不一定不「貧」；「養備動時」，也不一定不「病」；「修道不二」，也不一定不「禍」。荀子這些話不是都成了胡扯了嗎？

那當然不是的！

荀子當然有他的道理。

首先，如果我們只把這個「天」狹義地界定爲一個有意志、有好惡，能審判人，能禍福人，而且要怎審判便可怎審判，要怎禍福便可怎禍福，像宗教、迷信中的上帝、神、老天爺一樣的東西，荀子這些話便徹底是對的。

其次，如果我把「天」廣義地解釋爲一種非人力所能計算到，非人力所能控制到，但是卻能絕對影響我們生活中吉凶、禍福的內在或外在因素，好像古希臘神話、悲劇中所說的「命運」一樣的東西，荀子這些話便需要加以淸楚地疏解，就應該要看看他講這些話的眞正分際在那裏。既不能輕率地拒絕，也不能輕率地接受。而事實上，這樣的「天」，荀子在天論篇下文中也是曾敍述到的。

現在我們就以人生中的吉凶、禍福與道德人格之關係而論。照荀子所說：「修道不二」則「天不能禍」。其實，一個人修道不修道與他所遭遇到的禍福是完全沒有關係的。宗教中所稱的因果報應、善惡賞懲也是一樣。那眞是像司馬遷在伯夷列傳所說人格高尚好善而親仁的得到禍災，人格低下好殺而貪利的得到福樂，眞是「不可勝數也」。司馬遷時是如此，荀子時是如此，現今是如此，未來也是如此。因爲，這也可說是人間社會中的必然現象。那麼，這又當該怎麼解釋呢？我們的立身行事又當該何去何從呢？

對應這樣的問題，荀子和司馬遷各自有其不同卻無根本差異的方式。司馬遷認爲吉凶、禍福、苦樂只能從個人的感受處分辨，是不能有一個共同而客觀的標準的。顏子居陋巷，別人都不堪其憂，他自己偏不改其樂。文天祥要殺頭，任何人都認爲是一種苦事，他自己偏「鼎鑊甘如飴，求之不可得」。這根本是人生觀的問題。

荀子以爲既然這些吉凶、禍福、苦樂之來既然是「天」的事，那就根本不是我們「人」所能控制得著的，管得了的，我們就不要去管它。我們做一個人，只要盡「人」的本分就夠了。人的本分，就是「修道不二」。這個意思，荀子在這本篇的開始，根本就沒有講出來。但是，要說到人生中的吉凶、禍福，就必須講到這一層。因爲，這是一個普遍存在於古今中外的事實，所以也是一個普遍的道理。

這當中，另外還有些需要進一步說明的地方，我們就等到下面荀子直接講到這個問題的時候再討論。

本荒而用侈，則天不能使之富；養略而動罕，則天不能使之全；背道而妄行，則天不能使之吉。故水旱未至而飢，寒暑未薄而疾，妖怪未至而凶。受時與治世同，而殃禍與治世異。不可以怨天，其道然也。

「薄」，作「近」字解，卽來至的意思。

就破除宗敎、迷信的天來說，荀子的工作眞是徹底而明快的。人的吉凶、禍福只有人來決定，與天一點關係也沒有。天只是個春、夏、秋、冬，風、雨、陰、晴純自然的運行變化，沒有意志，不知善惡；既不能使人吉，也不能使人凶；既不能降福於人，也不能降禍於人。天不是人的主宰，只有「人」自己才是人自己的主宰。福由己出，禍也由己出。所以，人在禍患的時候，只應該在自己身上尋找這禍患的原因，不可以在「天」那裏尋找！

有人說我國的荀子很像德國那位宣布上帝死亡而主張超人哲學的尼采 Friedrich Wilhelm Nietzsche 1884—1900。其實，荀子比起尼采來實尤有過之，尼采比起荀子來尙不及甚多。正因爲尼采宣布上帝死亡，就表示他還不能不承認，不敢不承認上帝是曾經活著過的。荀子則從根本處否定了在宇宙中曾經有那麼一個可主宰人的「天」是存在著的。荀子要否定的這個「天」就是尼采要宣布死亡的那個「上帝」。所以，在荀子，「天」並沒有死亡的問題，因它從來沒有「活著」過。

在荀子，「天」只是春、夏、秋、冬的自然運行，風、雨、陰、晴的自然變化而已。人能順著這些運行、變化做自己當該做的事如春耕、夏耘、秋收、多藏便自然而有福，否則便自然而有禍。禍福都是從自己立身行事的方式中生長出來的。故曰：「其道然也。」因此，「福」，不必謝天；「禍」，「不可以怨天」。

故明於天人之分，則可謂至人矣。

「分」，或作「分辨」之「分」，或作「分際」、「本分」之「分」解釋都可以。字面上自有不同，實質上並無差別。「至人」，就是所謂「眞人」；就是眞正能稱爲「人」的人。莊子最喜歡使用這樣的名詞，在儒家諸子中則甚少使用它。

在先秦諸子中，講到「天人之分」的還有莊子，卻與荀子的意見完全相反，可謂一樣的題目，兩樣的文章。莊子教人「不以人滅天，不以故滅命」。不可以「人」的「故」意破壞「天」之所「命」，可說是一種徹底的自然主義 naturalism 之立場。荀子「天生人成」，認爲「天」是一種自然物之材料，必待「人」來成就，所以乃是一種徹底的人文主義 humanism 的立場。這一點，我們在這裏是不可以不弄清楚的。

當然，荀子在這裏講這一句話，主要並不在闡釋他人文主義的立場，乃是強調「天」與「人」的分別與其各自具有的根本性質。天有天的特殊性質，人有人的特殊性質；天有天的特殊作用，人有人的特殊作用。

> 不爲而成，不求而得，夫是之謂天職。

「天職」，就是天的職分，天的事情，或天之所以爲天的成立方式。「不爲而成，不求而得」，就是我們平常所謂的「自然」。「自然」是一個被我們講俗了的一個很不俗的名詞。它的意思就是自我而如此，不假外力，不由「他然」。譬如猶太人說，宇宙萬物包括人類在內都是由上帝耶和華創造出來的，所以說被造的 created 。「被造的」就是所謂「他然」。耶和華不是被造的，不是「他然」，而是「自然」。從荀子來說，「天」就是一個自然。它的存在是自然；它的作用，如四季之代謝、六氣之變化、萬物之生息也是自然。

如是者，雖深，其人不加慮焉；雖大，不加能焉；雖精，不加察焉：夫是之謂不與天爭職。

「如是」，即是「不爲而成，不求而得」的自然之天職，或天職之自然。這種自然之天職或天職之自然，如果一定要我們用幾個人間的形容詞來形容的話，那就應該是「深」、「大」、「精」三字了。「雖深」，即「唯深」，即白話文「正因它太深的緣故」。「其人」，即上文「知天人之分」的「至人」。正因爲天的功能太深，所以知天人之分的至人不用自己的心力去思考它；正因爲天的功用太大了，知天人之分的至人不用自己的心力去做天所做的事；正因爲天的功用太精微了，知天人之分的至人也不用自己的心力去考察它。天做天的事，人做人的事。這就叫做「不與天爭職」。

天有其時，地有其財，人有其治。夫之謂能參。

儒家原有「參天地，贊化育」的說法。那就是幫助天地自然做事的意思。荀子並不反對，但有他自己的新解釋。在荀子，天有四時代謝、六氣變化，這是天的事；地能生五穀、六畜，這是地的事。而人呢，配合天地的相宜春耕、夏耘、秋收、冬藏，水田種稻、旱地種麥、北地養馬、南方飼牛，按着天地的自然來做事，就是所謂「治」，就是所謂「參天地」。所以「參」乃是人之「能」，天地只是個自然存在或運行，它是無所謂參不參的。

> 舍其所以參，而願其所參，則惑矣。

「舍」，是放棄的意思。「願」，是盼望的意思。「所以參」就是人所憑藉來「參天地」的東西，這當然就是指人當該做的事情，即所謂「人有其治」的「治」說的。「所參」，就是「參」的對象 object，自然是指天地而言的。一個人如果放棄自己當該做的事情而不做，只希望天地把一切的福分都降臨到他身上，便是一種愚蠢。在宗教、迷信中，人常常就是在這種愚蠢中過生活的。荀子這句話，可謂一針見血。自己不好好保佑自己而求神明菩薩來保佑，自己不拯救自己而求神明菩薩來拯救，那不是愚蠢是什麼？

> 列星隨旋，日月遞照，四時代御，陰陽大化，風雨博施。萬物各得其和以

生，各得其養以成。不見其事而見其功，夫是之謂神。

荀子這裏用這一個「神」字，是絕對不能用在宗教、迷信中常用的「神」字來解釋的。實際上就是「奇妙」、「神妙」、「不可解釋」的意思。當作名詞來說，就是「不可解釋的東西」。

天是什麼？正如我們前面所說，這個問題的答案複雜極了；然照荀子來看，那是很簡單的。那就是天體星辰的運轉，太陽與月亮互相出沒照亮這個世界，一年四時的更替出現，寒暑、晝夜、牝牡、男女的變化與生化，風雨的無所不及。換句簡單的話來說，就是大自然的運行。

大自然的運行，看起來似乎是萬物雜陳，紛至沓來，其實它既不雜，也不紛，更不沓。而是一個有秩序的和諧。萬物就在這個有秩序的和諧當中各自得到它各自的生長與養成；而萬物各自的生長與養成，又也是個有秩序的和諧。譬如我們人就是如此。我們每一個人都是在大自然之秩序的和諧中得到生長與養成的，而我們人體本身又也是個秩序的和諧。這不是很容易看到的嗎？

人與萬物都是在天地自然之秩序的和諧中得以生長、養成的。但是，天地自然究竟是怎樣在那裏形成它那秩序的和諧呢？這卻是人難以知道的。「不見其事」的「事」，在我國古代的文法中叫做「作用字」，在現在的文法中叫做「動名詞」gerund。它表示一種「動作」，一種當作名詞而用的動作。所以，這「事」就是天「做事」的意思。人能看到自然運行，自然做事的成績，即「功」，卻看看不到自然是究竟怎麼在那裏做事的。這種「做事」，只能用一個字來說明，那就是「神」。

> 皆知其所以成，莫知其無形。夫是之謂天功。

「所以成」，應該是「所成」的誤寫。「所成」，就是天「做事」的成績。這是任何人都可以看到的，故當曰：「皆知其所成」。如果是「所以成」，則是天「做事」的方法與憑藉，則不是人所能夠知道的，如何可以說：「皆知其所以成」？天「做事」的方式與憑藉，是根本不可知的；對人來說，乃是一個「無形」，故曰：「莫知其無形」。

天做事的方式與憑藉是不可見的，而其做事的成績則是可見的。它就是「天功」。天功，就是天的功能與成績。

> 天職既立，天功既成。形具而神生。好、惡、喜、怒、哀、樂藏焉。夫是之謂天情。

天職、天功，散在宇宙萬物身上見，自然也散在人身上。宇宙萬物都是因天職、天功而生成的，人自然也是因天職、天功而生成的。人與其他物不同的地方乃在於人不僅與其他物一樣同有身體「形」，而且還具有其他物沒有的感情，此即所謂「神」。故曰：「天職既立，天功既成。形具而神生」。

荀子乃是藉著這句話把整篇的論點從「天」那裏拉到「人」身上來了。人生來便是一個同時具有身體與感情的存在。即「形具而神生」。所以好、惡、喜、怒、哀、樂就叫做「天情」。天情，就是天生而有的「不事而自然」的「情」，都不出於人的「故意」。

其實，從「形具而神生」來說，人不僅具有好、惡，喜、怒、哀、樂的天情，人還有食欲和性欲的兩種「天欲」。告子就在這兩種「天欲」上說「性無善無不善」的。荀子當然應該了解到這一層，不過他卻不在這地方說人的「天情」。也許這就是荀子比告子高明的地方。因爲，這兩種「天欲」不僅人有，其他的動、植生物也都有。照荀子看來「天情」卻是只有人才有的。

> 耳、目、口、鼻、形，能各有接，而不相能也。夫是之謂天官。

「官」、「能」，合稱「官能」，就是「作用」的意思。耳有聽覺的官能，目有視覺的官能，口有味覺的官能，鼻有嗅覺的官能，形（卽身體）有感覺的官能。這些官能的本身既都是一定的，它們所「接」的對象也是一定的。故曰：「能各有接」，如耳接聲，目接色，口接味，鼻接臭，形接冷暖。它們之間是絕對不能互相替代的，故曰：「不相能也」。

這些官能，這些官能之所接，與這些官能之所接的不可替代，都不是人要這樣便這樣的，乃是自然而然的。所以，「夫是之謂天官」。

> 心居中虛，以治五官。夫是之謂天君。

人其實不僅「五官」，很可能有無數「官」。因爲，生命體實在是一個無窮的複雜。這無窮複雜生命體的諸「官」，各有各的作用，集在一起，如何而不亂呢？在荀子看來，那是因爲有一個東西在主宰著的，就是「心」。心，就是這個人生命體的主宰，所以叫做「君」；這個君，不是人想有就有，而是自然而有的，所以叫做「天君」。

人體的諸「官」，各有各的定位，這從解剖學可以看出來。作爲「天君」的心，在那裏呢？是不是也可以用解剖學的方式找到它呢？在荀子看來，這是不能的。因爲，心只是一種「明覺」，是一種「虛靈」。其實，這也不僅荀子這樣說，孔、孟、老、莊、佛、耶都是如此。心不是一個物質器官，不是一般解剖學上心臟之心，也不是解剖學上的大腦，而是一個「虛」的「靈明」。又它是生命的核心，所以「心居中虛，以治五官」。

財非其類，以養其類。夫是之謂天養。

「財」，就是「材」，就是材質。宇宙萬物，材質皆各自不同。動、植、礦物，何止千萬：雖材質皆自不同，但卻構成一個互相滋養的系統。如以人來說，草、木、鳥、獸，都不是人類，但是可以養人類。其他物類養人類，人類也養其他物類。總起來說，宇宙之間無窮物類，都是取非其類以養其類的。這就是所謂「財非其類，以養其類。」總體地來看宇宙萬物便是一個交互相養的大系統。這個系統也不是誰要這樣便這樣的，而是它自然如此而這樣的，所以便叫做「天養」。

近代人類，挾科學技術以爲利器，盡取宇宙萬物以養人類，人類卻不必去養其他物類，很顯而易見的便是人類得到了史無前例的福分。可是這種福分的代價就是宇宙萬物交互相養的「天養」系統之被破壞。破壞了宇宙萬物那種天養系中的秩序之和諧。這樣，人類享受這「福分」的最後代價，必然是一個自我毀滅的災難。於是，生態學、環境學便應時而起了。

荀子這「天養」的觀念就是近代生態學、環境學的根本基礎。

順其類者，謂之福；逆其類者，謂之禍。夫是之謂天政。

「類」，在這裏就是秩序的意思，不是「物類」之「類」。面對宇宙萬物交互相養的天養系統中的秩序的和諧，人類只有順從的義務，沒有違反的權利。人類順從它，它便給人類以福分；人類違反它，它便給人類以災禍。人間的法律是相對的，有限的，所以可以有「法外」；自然的法律是絕對，無限的，所以沒有「法外」。古人說：「無所逃於天地之間。」或說：「天網恢恢，疏而不漏」。都是這個意思。

這種絕對而無限的制裁，就是荀子所謂的「天政」。

> 暗其天君，亂其天官，棄其天養，逆其天政，背其天情，以喪天功，夫是之謂大凶。

「大凶」，就是絕對而不可避免的「凶」，所以也可叫做「天凶」。這種大凶或天凶之所以為「凶」，不是自天而降的，乃是人「暗其天君，亂其天官，棄其天養，逆其天政，背其天情，以喪天功」而自己招致而來的。「天作孽猶可違，自作孽不可活」便是這個意思。

> 聖人清其天君，正其天官，備其天養，順其天政，養其天情，以全其天功。

聖人之所以為聖人，當然在於「全其天功，養其天情，順其天政，備其天養，正其天官」。一切都歸於完滿至善。但是，這一切如何才能「得」到呢？要如何去「求」呢？在荀子，這一切看起來都是自「外」而得，求之於「他」的；其實根本是求之於「我」，自「內」而得的。要想得到這些東西，其基本的條件便是「清其天君」。「清其天君」，就是使自己的心地清明。「虛一而靜，是謂大清明」。這大清明之心，就是求得那些看起來好像是「外在」美好東西的「內在」根據。

可是，我們人的心卻常常是不清明的。因此，它就常常需要我們清一清。這正如後代一位禪宗和尚所說：「身似菩提樹，心如明鏡臺，時時勤拂拭，莫教惹塵埃」。「人者，心之器」。心是人的主宰、根本。這個地方不清明，那一切便都完了。所以，在荀子的學術中，「清其天君」實在是一個基礎觀念。

爲什麼「清其天君」便可得到這一切好事情呢？

因爲：

> 如是，則知其所爲，知其所不爲矣；

「知其所爲，知其所不爲」，就是知其所「當」爲，知其所不「當」爲。這個「當」字是必定少不了的。荀子可以不寫出來，我們不可以不讀出來。古人寫文章常把很重要的字省略掉，我們後代人讀起來就會感覺到很麻煩。如果讀不出來，則文義不能解；如果要讀出來，則我們又憑什麼把古人沒寫出來的字讀出來呢？這是讀古書最難的地方之一。我們不能不注意。

這「當」與「不當」，實有下列三重意思：

一、從第一義的基本原則上說，便是前面所說的「知天人之分」。知道那些是「天」的事，那些是「人」的事。天的事，我們人管不了，「不當」去理會它；我們人只把人本分「當」做的事做好就可以了。可是，要知道這「當」與「不當」，也不是很容易的事。許多常把自己的「當」認爲「不當」，又常把自己的「不當」認爲「當」。爲什麼有這麼情形發生呢？基本原因當然是心地不清明了。所以，「清其天君」，在荀子看來，便是一個人所以爲人的「根本」。

二、從第二義的生活原則上說，便是知「禮」。荀子說：「禮者，法之大分而類之綱紀也」。在人的行爲世界中，事務之紛雜，平常所說的「千頭萬緒」，「紛至沓來」都不足以形容。就算是「千頭萬緒」吧！在這千頭萬緒的紛雜事務之中，我們憑什麼知道那是我們的「當」，那是我們的「不當」？我們唯一的憑藉，就是「禮」。禮就是「道」，故荀子說：「人何以知道？曰心。心何以知道？曰虛一而靜」。因此，清明的心便是我們「知」這些生活原則的根本。

三、以上都是從靜態地分辨基本原則與生活原則中的「當」與「不當」。但是，我們人的「當」與「不當」並不僅是靜態的，也有動態的。這便是屬於行爲的了。行爲不是靜止物。行爲界的事務一方面是靜態的「千頭萬緒」，一方面也是動態的「千變萬化」。在千變萬化中，我們的「當」與「不當」，也是千變萬化的。我們的行爲不僅是一個靜態的世界而且還是一個動態的宇宙。行爲是動態的，禮也應是動態的；行爲是千變萬化的，禮也應該是千變萬化的。這樣，我們的「當」與「不當」自然也是動態的、千變萬化的。知這種千變萬化動態的「當」與「不當」當然也是需要「天君」之「清」的。

則天地官而萬物役矣。

「官」和「役」，其實是同義字。都是「爲我服務作事」的意思。如果一個人能「清其天君」，從各層面知道自己的「當」與「不當」，並爲其所「當」爲，不爲其所「不當」爲，則天地萬物必然都成了充實他生活內容提高他人生境界的工具、材料而爲他服務效勞了。

其行曲治，其養曲適，其生不傷。

「天地官而萬物役」，是從外在世界來說的。「其行曲治，其養曲適，其生不傷」，則是內在於個人的行爲與生命之世界之中來說的。

「曲」，是「盡」的意思，是完完全全沒有遺漏的意思。如果一個人能「清其天君」，從各層面知其「當」與「不當」。自客觀世界來說，能使天地萬物都爲自己服務效勞；自主觀世界來說，他的行爲必然是完美的，他的心靈與身體的營養必定是完善的。這樣，自然是「其生不傷」的。養，本有養心志與養口腹二義。

夫是之謂知天。

通常我們一說到「知某物」的時候，我們就把某物當一外在「對象」，「我」來「知」它。「知天」，當然也是這個形式。事實上，這個形式也是荀子常用的。本篇下文「官人守天」的「守天」便是這個形式。可是這裏的「知天」二字，卻不能隨便用這個方式來了解。

這裏的「知天」的眞義，事實上是以「聖人清其天君，正其天官，備其天養，順其天政，養其天情，以全其天功。如是，則知其所爲，知其所不爲矣；則天地官而萬物役矣。其行曲治，其養曲適，其生不傷。」來決定的。所以，這是從知己來知天的。從知己來知天，即是說在知己中知天。知天即知己，知己即知天。亦就是前文「知天人之分」的意思。而且這一個「知」字也不能僅從「了解」來了解，它也有「實踐」的意思。試看前面這段話，不是都從「了解」與「實踐」兩方面說的嗎？再看荀子後面的敍述，又怎麼可以不兼顧「了解」與「實踐」兩方面的意義呢？

故大巧在所不爲，大智在所不慮。

「大巧」、「大智」的「大」，都是「眞正」的意思，不是大、小比較的的意思。「不爲」，就是「無爲」；「不慮」，就是「無慮」。說到「無」，我們很容易想到道家的老子和莊子，他們都是以「無」爲其思想底子的。好像「無」便成了道家的專利品了。其實，並非如此。在我國傳統思想中，除法家外，儒、釋、道都是極重視這種「無」的智慧的。就儒家來說，孔子講，孟子講，宋明儒學也講；孔子前，尚書、詩經中也都很重視它。有些是明講出來的，有些是暗示出來的。

「不爲」，就是「不」故意違反自然地「爲」；「不慮」，就是「不」故意違反自然地「慮」。眞正的「巧」，眞正的「智」，不在人故意造作，而在順應根據自然。孔子說：「吾述而不作」就是這個意思。近代一般人解釋爲孔子只是抄別人的文章，那是完全不懂孔子這句話的高貴意境的。

當然，荀子這兩句話在這裏還有人當知天人之分，自守人當守之本分，不妄求知天，不妄求為天所為之事的意思。這種智慧，依荀子，乃是「至人」、「聖人」才有的。因此，我們也不能輕視它。

所志於天者，已見其象之可以期者矣；

假若一個人說：「我一定要求知天」。荀子就會告訴他：「不必了」！因為，天象中日、月、星、辰的旋轉，春、夏、秋、冬的運行，都已清清楚楚地顯現在那裏了，而且皆有定期可以待之。春去夏一定來；夏去秋一定來，秋去冬一定來；去春一定來；日、月、星、辰的旋轉也是自有定期的。那人又何必一定要去知天呢？

所志於地者，已見其宜之可以息者矣；

地也是如此，水田宜種稻，旱田宜種麥，北方宜養馬，南方宜養牛，河中宜魚蝦，山中宜鳥獸，都是清清楚楚，現成擺在那裏的。人只要按著它的定「宜」去種植生息，就可以了，又何必勞神苦思，故意妄想地去知它呢？

所志於四時者，已見其數之可以事者。

四時春、夏、秋、冬也是如此。它們的代謝交替已經以一個必然的次序周而復始地展現出來了。不僅它們周而復始的展現是個必然的次序，而且我們人類在它們這必然的次序中所作事情也是必然的。那就是春之耕，夏之耘，秋之收，冬之藏。它們這「必然」，我們是非服從不可的，是「故意」不得的。在這方面，人究竟應該做些什麼事實在沒有多少自由，也可說根本沒有自由。這「必然」，就是荀子這裏所謂的「數」。「數」是一定的，所以我們有「定數」這個名詞。四時代謝的定數和人們在四時代謝中當該「做」什麼「事」的定數，都也是現成在那裏明擺著的。一目了然，又有什麼可知的呢？

所志於陰陽者，已見其和者可以治者矣。

我國古來向稱「陰陽和合，百物化生」。陰陽自大的地方指天地，自小的地方指男女，都是要在和合中才能化生的。天地和合，宇宙萬物才能各得其生，各遂其成。否則，宇宙萬物便都完了。一個家庭中，夫妻和諧家業一定隆盛；夫妻不和諧，便一切也都完了。所以，這「陰陽和合，百物化生」是一個事實，也是一個道理。這個事實，這個道理，也是淸淸楚楚，明明白白地現成在那裏擺著的，用不著刻意地去求知了。大則安排國家社會民族集體生活的，小則安排一己家庭生活的人，治事的基本原則就是這個「和」，也用不著多花腦筋去勞神苦思。

荀子這些主張，如果以今日的眼光看來，似是有輕視自然科學之傾向。其實，我們並不能這樣草率地下這個結論。請看下面：

官人守天，而自爲守道也。

從史書所載，我們可以知道我國自有歷史開始，政府中便有主管天象、山澤、農田等的官員。這就是荀子這裏所謂的「官人」。這些官人，多是世代相傳。因此，他們在那時就是有對他們所主管事務專門知識的人。天、地、四時、陰陽，都有專門職業人員來司守，普通人只司守自己本分，「道」，就可以了。

荀子這原則，就在今天也是有效的。各種學問都有專家司理，如氣象學家專司氣象報告，一般人只在颱風來時修檢門窗，寒流來時加添衣服就是了。又何必去知道那颷風如何形成，寒流是怎麼來的呢？

「治亂天邪」？曰：「日、月、星、辰、瑞曆，是禹、桀之所同也。禹以治，桀以亂。治亂非天也」。

任何民族都有把人間社會生活，尤其是政治生活中的治亂歸根原於天的說法。我國古代自也未能例外。現在我們都知道那是一種迷信，但在古時卻是被人當作眞理來信之任之的。荀子就針對著這一眞理加以無情的批駁。

有人說人間的治亂都是「天」所造成的。荀子就要請這些人承認一件事實。那就是天上的日、月、星、辰和一年三百六十天的曆法，禹作天子的時候是如此，桀作天子的時也是如此，一點兒都沒有差別。但是，禹作天子的時候天下大治，桀作天子的時候天下大亂。可見天下的「治」或「亂」是與「天」沒有關係的，並不是天來主宰著的。

「時邪」？曰：「繁啓蕃長於春夏，畜積收藏於秋冬。是又禹、桀之所同也。禹以治，桀以亂。治亂非時也」。

人間的治亂不能在「天」上找原因，不是「天」主宰的，是不是一年四季主宰著的呢？荀子的答案是：「也不是」。一切的生物，像農作物，春、夏二季發育成長，秋、冬二季畜積收藏，禹作天子的時候是如此，桀作天子的時候也是如此。完全一樣，無有差別。但是，禹作天子的時候天下大治，桀作天子的時候天下大亂。可見天下的「治」或「亂」是與春、夏、秋、冬的四「時」沒有關係的。治、亂不由四時主宰。

「地邪」？曰：「得地則生，失地則死。是又禹、桀之所同也。禹以治，桀以亂。治亂非地也」。

人間的治亂不由「天」主宰的，也不是由四「時」主宰的，是不是由「地」主宰的呢？荀子的答案仍是「不是」。一切的農作物，甚至一切生物，都是「得地則生，失地則死」的。禹作天子的時候是如此，桀作天子的時候也是如此。仍是完全一樣，沒有差別。但是，禹作天子的時候天下就大治，桀作天子的時候天下就大亂。可見天下的「治」或「亂」與「地」是沒有關係的，不是由「地」主宰的。

荀子這幾段話都很簡單，現在我們任何人都能承認不能反對。可是在荀子那個時代，他能講出這些話實在是很了不起的。由此，我們就可以看出荀子思想的衝激性和革命性了。

再者，就學理而論，荀子藉著這幾段敍述把人文世界和自然世界的眞理清楚地分開。人文世界中的治亂、禍福、吉凶等是與自然世界沒有關係的，這是清清楚楚的兩個世界。再進一步來說，自然世界不能主宰人文世界的治亂、禍福、吉凶；而人類可以善用自然世界來增進人文世界的福樂。禹能這樣善於利用自然世界，所以就治；桀不能這樣善於利用，所以就亂。因此，如果我們一定要說人文世界中的治亂、禍福、吉凶與自然世界是有關係的話，那關係只在於人怎樣運用這自然界，而不在自然世界本身。

　詩曰：「天作高山，大王荒之。彼作之矣，文王康之」。此之謂也。

先秦思想家多喜歡在敍述一段道理之後，借引來詩經的話作一總括性的象徵性說明。荀子也是如此。

這幾句是從詩經周頌天作篇節引出來的。

這幾句詩的大意就是：

上天在那裏生出一座高山。本來人都是喜歡沃野平原的，因爲其容易耕種又可得好收成，現在生出了一座高山，豈不是很不好的嗎？可是，文王的祖父太王並不如此想。他就把這座高山加以妥善的運用便使自己發達起來了。「荒之」，就是「大之」的意思。使自己發達起來，就是使自己「大」了起來。大王開始妥善運用這座高山使自己發達起來，到了文王便受到了這高山的福惠。

這就表示，任何自然世界的環境，只要我們能妥善運用，它都能使我們得到福利。

由此，也使我們想到列子書中愚公移山的故事。那故事實在是不足爲訓的，卻時常被人選在教科書中，眞是莫名其妙！那故事能表明些什麼教訓呢？

那愚公門前有太形、王屋兩座大山，他不知加以妥善運用，只因爲行路不便的緣故便要把山搬走。別人勸他年紀那麼大了怎能把山搬走呢？這時愚公便告訴人家他是一定可以把那山搬走的，因爲他的子子孫孫可以無盡無窮地繁衍下去，代代搬山而山不能增長，自然可以把山搬走。他這話乍聽起來似乎是很有道理。其實，我們稍微分析一下他這派議論根本是等於零的。第一，他的子孫並沒有無窮無盡繁衍下去的必然保證，他很可能絕後的。第二，即令他的子孫有無窮無盡繁衍下去的必然保證，他的「意志」是不能遺傳的。意志如果能遺傳，禹就不會有像桀那樣的後代，湯就不會有像紂那樣的後代；而且堯子丹朱，舜子商均都何能不肖？孔子又何能生出孔鯉來？第三、卽令他的意志也可以遺傳，他的子子孫孫都以移山爲平生唯一工作。其必然的結果便是山一日移不走，他的子子孫孫便必須一日生活在他這故意移山的災難之中。

不知妥善因應自然，反要故意改造破壞自然。所以，比起太王來，那位北山愚公實在是一位不折不扣的「愚」公！

天不爲人之惡寒也輟冬；地不爲人之惡遼遠也輟廣；君子不爲小人之匈匈也輟行。天有常道矣，地有常數矣，君子有常體矣。

這一段可以解釋爲荀子的法天思想。當然，這種思想在荀子思想中不能算是主流。而且，這也是無所謂法天不法天，他不過是藉以天道之常，地道之常，來說出人道之常而已。所以，這「法天」二字，只是我們隨便說的，不能嚴格地作一種學術原則來了解。

天有四時，春日暖，夏日炎，秋日爽，冬日寒。任何人都喜歡春之暖，秋之爽；都不喜歡夏之炎，冬之寒。可是天並不因爲人都不喜歡夏炎、冬寒便停止了夏之炎，冬之寒。因爲夏炎、冬寒是天的常道。天有春暖、夏炎、秋爽、冬寒爲「常」，地也有地之「常」。地之常就是「廣」。地之廣，對人來說，有時也是麻煩，走路時既很費力費時而且常因此在想見遠方親人時便不容易見到。所以，地之廣也常因其遼遠而不爲人所喜歡。但是，地像天一樣，地也不會因人人不喜歡遼遠就停止了「廣」。因爲，廣是地的常數。常數、常道在這裏是同義語，並無差別。天地的常道，就是使天地成爲天地之道；如無這常道，天地就不成爲天地了。

一個「君子」也是如此。

君子也有君子之所以爲君子的常道；如果沒有這常道他就不能成其爲君子了。常道，荀子在這改用一個名詞曰「常體」，其實也是一樣。君子的常道是什麼呢？按荀子來說，就是禮義；用孔子的話來說，就是仁；用我們普通的話來說，就是道德。所以，仁義道德可以一起來說。君子的常體，也像天的常道地的常數一樣，是有很多人不喜歡的。匈匈，就是洶洶，就是反對之聲如潮水般洶湧的意思。雖然反對之聲如潮水般的洶湧，一個眞正的君子也不會因此而停止自己仁義道德的常道行爲。因停止了這種行爲，他就不能稱之爲君子了。論語說：「君子去仁，惡乎成名？君子無終食之間違仁，造次必於是，顚沛必於是。」便是這個意思。

君子道其常，小人計其功。

這句話很容易使我們想到董仲舒。董仲舒曾說：「正其誼不謀其利，明其道不計其功」。與荀子這句話，可說是同義語。董仲舒這句話的基本觀念乃出自孟子的義、利之辨；孟子的義之辨，乃是出於孔子「放於利而行多怨」；而孔子這句話也不是憑空講的，一方面他的根據乃在於西周詩、書、禮、樂的教化，一方面他的根據乃在於人羣集體生活中的必然眞實。因此，董仲舒這句話的意義實在是我國傳統思想中對於義、利問題所持態度的代表。他上有所承，下有所啓。宋明理學傳統就是在這一問題上就是他的直接繼承人。

當然，對應於這種思想在先秦時代就有反動，那就是法家和墨家尙功用的哲學。不過，大體上來說，自漢代以後以至清末董仲舒這句話都是爲我國思想界，或整個社會所接受的。

近代西洋功利主義utilitarianism與實用主義 pragmatism 的哲學傳入我國，董仲舒這兩句話所代表的我國傳統思想始遭到了極嚴酷的挑戰。然而，它所接受到的非難，實在說來，都是因對它的誤解與曲解而起的。

富國裕民當然是需要「利」的，董仲舒、荀子、孟子、孔子與西周的國家建設人何嘗反對過？他們反對的是只以功利爲功利的唯功利主義。因爲，那足以使人以功利而抹殺其他一切屬於人格價值的東西。功利，不能當作一個原則來看，只能當作一種實現這原則的手段看。原則是第一序列 first order 的，手段是第二序列 secondary order 的。這第一序列的原則，就是人之所以爲人的常道，所以說「正其誼不謀其利，明其道不計其功」。

再說，功利都是不服從我們計算的，因爲在我們計算的領域之外影響我們的功利的因素太多太多了，可謂計不勝計，算不勝算。不要說以前的簡單計數計算不到，今天的精密電腦能計算到嗎？人類社會是一個瞬息萬變的無窮複雜，隨便一點點的小因素就可輾轉影響一個龐大計算的成功與失敗。往那裏計算去？

所以，一個人生在世界上只要找到自己的「當該」，順著這「當該」以爲其人以處其事，乃是爲人的根本。故曰：「君子」。假定不這樣做，只是計功謀利，唯利是圖，完全失去人之所以爲人的「當該」，當然就是「小人」了。

詩曰：「何恤人之言兮」！此之謂也。

這句詩不見於詩經，古時叫做「逸詩」。

「何恤人之言兮」。語意非常簡單。那就是「爲什麼怕別人講呢」！但是，在這簡單的語意背後卻隱蔽著一個非常重要的問題，那就是這個「何恤人之言兮」的「憑藉」究竟是什麼？當然不管憑藉什麼都表示能講這句話的人，他的「氣」是很壯盛的。問題的核心是這「氣」究竟怎樣才壯盛起來的。

這問題的答案有兩個：

一、以氣壯氣，也可說是以氣生氣。平常有句話說「笑駡任汝笑駡、好官我自爲之」。就是這種例子。他做官只管貪他的污，無論別人怎駡他他也不怕。平常還有一種人「惱羞」可以「成怒」。自己做人做事不安於心，便以怒氣而發之於外，就是孟子所說的「不得於心而求於氣」。所以，我們常在社會上看到一些人他的理愈不直他的氣就愈壯盛。通常這種人常自詡爲「個性強」，其實是最沒個性的。荀子在這裏引用這句詩，當然不是這個意思。

二、以理壯氣，也可說是以理生氣。平常說「理直氣壯」便是這個意思。孟子說：「自反而縮，雖千萬人吾往矣；自反而不縮雖褐寬博，吾不惴焉」？當自己經過反省認爲自己理不直時，氣自然就不壯，面對一個最無權勢的人也會發抖。那不是面對一個無權勢的人發抖，而是面對眞理發抖。但當一個人經過自我反省認爲自己理直的時候，氣自然就壯了起來，自然「雖千萬人吾往矣」。這就是荀子的用意所在。

「君子道其常」，才可以「何恤人之言兮」。否則，憑什麼不恤別人的議論呢？

楚王後車千乘，非知也；君子啜菽飲水，非愚也。是節然也。

這裏顯示出一個非常重要的問題，同時荀子也把他自己論「天」的觀點歧出到另外一個領域之中了。

一般來說，一個人一生的貧賤、富貴都是由知能才學來決定的。其實，並不盡然。列國君主入則錦衣玉食，出則後車千乘；顏回窮居陋巷，以簞食，以瓢飲，糟糠不厭。這就是因爲列國君主比顏回知能才學高，顏回比列國君主的知能才學低嗎？當然不是的！

再如最近英國查爾斯王子與戴安娜小姐結婚，婚禮是何等的榮耀，全世界各地的報紙又是何等地大事渲染！社會上一般男女結婚何以無人理睬！難道他們的知能才學就比一般男女高嗎？他們的愛情就比一般男女高尙嗎？一般男女就知能才學與愛情都不如他們嗎？當然也不是的！

這當中總有一個原因。

荀子把這個原因歸結到一個「節」字上。

這一個「節」字，若僅就訓詁學的立場來說，是很難解釋的。但是，如果我們稍把我們的心思放開一點，借個「接」字來幫忙一下，問題就很容易解決了。「接」，就是人與人之間的「交接」，又稱「接遇」。人一生下來就要同其他人交接在一起的，無一人可免。這種交接的內容有直接的也有間接的，實在是一個無窮無盡的錯綜複雜。這一個事實與道理，我們每個人都可以從自己的親身生活中反省出來，並非玄談。這個交接的內容雖極錯綜複雜，但大致說來，可分二類：一是縱的，一是橫的。縱橫交叉，便形成我們生活的交接網。這個網，涵蓋天地，經緯古今，任何人都逃不出它。

從縱的方面看，這交接就是由父母垂直而降落到我們身上的人間關係。當然，這裏所謂的父母並不僅是兩個人，而是父母所代表的縱的交接關係，那已經是個無窮無盡的複雜了。

從橫的方面看，這交接就是由夫妻、朋友、兄弟而平列而達到我們身上的。朋友有直接的與間接的，當然可以無窮無盡。夫妻雖只是兩個人，可是這兩人都背負著一個縱橫無窮無盡交援關係。兄弟之間也是一樣。

這種縱橫的交援，看起來完全是偶然的 accident, occasional 只是憑「機會」而生起的，所以又稱「機遇」。在佛家就叫做「緣」。可是，這種憑「機」而「遇」的交援，有時我們想起來，也並不全是偶然的，好像在我們看不到想不到的所謂「冥冥之中」自有一個安排似的。既如此，它就又成必然的 necessary 了。所以，這偶然的交援實在也是一個內在於我們生命中的必然 necessity，是我們的「分」。所以，通常我們是「緣分」一起來說。但是，不管是必然的「分」或偶然的「緣」，都是我們所不能控制的。這就是我們平常所說的「命」或「命運」。人生的一切都是由這種垂直和平列的命運規定著的。誰在規定我們的命運呢？誰也不知道，也根本不能知道，因爲它既是我們的命運，它就是根本不可能爲我們所知道的。所以，我們常把這命運的規定者名之曰「神」或「天」。這就完全是宗教、迷信的意義。所以，我們在前面說荀子在這裏把他的題目分歧出來了。宗教、迷信的「天」原是荀子極力反對的。

楚王後車千乘，乃是由命運決定的，不是由他的知能才學決定的；君子啜菽飲水，也是由命運決定的，不是由他的知能才學決定的。再說英國查爾斯王子和戴安娜小姐那光彩榮耀的婚禮，也不是由他們的知能才學或他們的愛情神聖決定的，而是由他們的命運決定的。不過，就查爾斯王子來說，決定他這次婚禮光彩榮耀的乃是他的垂直命運；就戴安娜小姐來說決定她這婚禮光彩榮耀的乃是她的水平命運。

不管垂直的命運或水平的命運，以宗教、迷信的立場來說，是「天」定的；依荀子的立場來說，也是「天」定的。這樣，我們不是一切都服從「天」定就可以了嗎？只須「聽天由命」便行了嗎？

不行！

如果「可以」，如果「行」，人根本就不成其所謂人了，也便與禽獸無異了。這就是定命論 determinism 哲學的根本弱點，也可說是其根本難通之所在。

想在命運之外肯定「人」自己本身存在價值的努力，在整個人類歷史上有兩種最爲成績卓著的形態。

一是古希臘式的，表現在那硬向自己既定命運挑戰的英雄身上。在他們的奮鬥過程表現了人類意志能力的高貴精彩。順著希臘這方式下來，是近代的科學技術，它表現了人類知性能力的高貴精彩。不過，這種方式都注定是要歸於悲劇的。古時希臘的英雄是如此，近代的科學技術也是如此。

一是我國傳統思想儒、釋、道的方式。這三種思想，在面對此一問題的時候，雖不免小異卻無碍大同。他們都不把「天」、「命運」當作奮鬥、克服的對象。他們的基本態度是，天歸天，人歸人；命運歸命運，自我歸自我。他們只依其固有德性盡其自我，所以不見精彩，也無所謂悲劇。他們這「盡其自我。」就是他們的高貴。但正因爲他們的高貴中沒有精彩，所以我常看不見他們的高貴。因此，他們這種方式在現在是常被人忽略、淡忘，甚至引爲笑柄的。今天，整個人類都是在使用以希臘精神爲底子的科學技術爲工具，自挖墳墓一步一步地走向自我毀滅的悲劇中的。

下面讓我們看看荀子應對此一問題的方式。

若夫心意修，德行厚，知慮明。生於今而志於古，則是其在我者也。

孔子說：「生死由命，富貴在天」。就是說上述人生中的貧富、窮通，甚至生命的夭壽都是不由我們自己主宰而由天命而定的。那麼，在我們的人生當中有沒有由我們自己主宰決定而「天命」完全管不了的事情呢？有的。那就是我們完美人格之建立。完美人格之建立這句話，是籠統的說法。如果確定地說，那便是道德的知慧與知慧的道德那種人格的建立。在這裏孔、孟、荀全無分別。這便是荀子「心意修、德行厚、知慮明」三句話的確定解釋。

「生於今而志於古」，這句話在今天是十分令人討厭的。不過，我們應知道，荀子這句話不是像「心意修、德行厚，志慮明」一樣在敍述一個普遍的原則，而是當一個「機」而發的。當什麼「機」？當戰國之世「爭地以戰，殺人盈野；爭城以戰，殺人盈城」，士子無恥，專事苟偷，逢迎諸侯、唯利是圖的「今」之「機」。志於「古」，乃是志於理想中的西周之世人人以禮樂自持、自修、自立、自成之「古」。明乎此，我們對荀子這句話還是少討厭一點的好。

當然，荀子這裏完美人格之建立只是從「我」處說的。這個「我」其實就是我們平常所說的「小我」，他並沒有講到「大我」的事。一個人光是建立自己完美的小我人格並不能算是眞正的完美。「己欲立而立人，己欲達而達人」。荀子傳承了孔子思想的「外王」客觀精神，何能置「大我」於不顧，只硜硜然地注意「小我」的完美。實則，「大我」完美的問題，他只是沒有說出來而已。但是，他可以不說出來，我們不可以不讀出來。

旣然，完美人格之建立是完全由「我」，分毫不由「天」的事，那我們就應該在這方面盡其在「我」；既然，富貴，生死實是由「天」的事，分毫不在「我」，那就交給「天」，「我」完全不管就算了。可是，社會上偏偏有許多人，放著「我」自己能作主的事而不自「我」作主，卻把自己的心力用在自己完全作不得主而由「天」作主的事情上。這便是荀子前面所說的不知「天人之分」了。正因爲如此，芸芸眾生，品類便有不同。大體來說，可有君子、小人二者。

故君子敬其在己者，而不慕其在天者；小人錯其在己者，而慕其在天者。

「敬」，就是論語「敬事而信」的「敬」，是愼重從事，不苟且，不馬虎的意思。「錯」，當「措」講，是擱置起來，不聞不問，不加注意的意思。「慕」者，想也，在這裏特別指妄想而言。「君子敬其在己者，而不慕其在天者」。前面已有解釋，這裏我們就不要再費筆墨了。至於「小人錯其在己者，而慕其在天者」。一個最典型的例證就是「守株待兔」的故事。

這故事出於韓非子。大義是說，宋國有一位農夫，每天都很勤奮地作自己的農事。可是，有一天當他感到工作疲累坐在樹下休息時，突然從草堆中跑出來一隻兔子，正好被他捉著，便拿回去殺了吃。這樣，他就每天守在那樹下等兔子，田也不耕了。久久之後，兔子未等到，田也荒蕪了。

他不知道「耕田」是他的本分，乃是他的「在己者」；兔子之來，不是他的「在己者」，乃是他的「在天者」。放著自己應該耕的田不耕而成天守著那株樹等待兔子跑出來，便是「錯其在己者而慕其在天者」。這樣當然不是一個人應該採取的做事方針，所以荀子名之曰「小人」。小人，就是沒有盡到人應盡到的本分之人。反之，君子自然就是盡了人之本分的人了。

君子敬其己者，而不慕其在天者，是以日進也；小人錯其在己者，而慕其在天者，是以日退也。

「日進」，就是日進於有成，日進於有功。「日退」，就日退於無成，日退於無功。這一個守株待兔的故事，不是說得很清楚了嗎？推而論之，一個人在進德修業建立自己道德的知慧與知慧的道德之完美人格這件事情上也是如此。好好努力，「眞積力久則入」，一定可以有成；否則，自己不好好努力於自己的本分，只一天天妄想空等，自己完全不能控制的機會之到來，最後一定也是一事無成的。

這是荀子「明於天人之分」的另一說明。

故君子之所以日進，與小人之所以日退，一也。君子、小人之所以相懸者，在此耳。

「一也」在平常多指「道理」是一樣的；在這裏乃指「方式」是一樣的。即是說，不管君子也好，小人也好，他們在形式上都「一樣」有所想慕與有所捨棄。不過在實質上，君子所想慕的是自己能作主宰的春耕、夏耘、秋收、多藏，是自己能作主宰的完美人格之建立，所捨棄的是自己不能作主宰的機會之到來；小人所想慕的是自己不能作主宰的機會之到來，自己所捨棄的是自己能作主宰的春耕、夏耘、秋收、多藏，自己能作主宰的完美人格之建立。君子、小人之分別，其實就在這個地方。「懸」，就是分別。

星墜木鳴，國人皆恐。曰：「是何也」？

荀子在這裏又開始了一個新題目。這個新題目其實也就是天論篇原來的題目。在有時，天空中有流星，或有隕石落下來，有時樹洞中發出很怪的聲音出來。在以前，大家都以爲是鬼怪作祟或天神發怒，自然便都會恐慌起來。大家都在問：

「這是什麼原故呢」？因爲這是一個引起公眾關心的問題。但在荀子看來，這並沒有什麼了不起。它像刮風下雨一樣，也不過是一種自然現象而已；不過這種自然現象不常見而已。

在荀子看來，自然現象有常態、變態。常態常見，變態少見。因其少見，自然就使人感到奇怪了。所以，荀子以爲，我們可以對這種變態的自然現象感到奇怪，因一切少見的東西都可引人感到奇怪；但是，如果因此便疑神疑鬼，那就是很沒有必要了。

曰：「無何也！是天地之變，陰陽之化，物之罕至者也。怪之，可也，而畏之，非也。

常見的自然現象是自然現象，不常見的自然現象也是自然現象。凡是自然現象都是屬於自然界的，與人文世界沒有關係的。常見的自然現象，我們已習以爲常，既不可怪，也不可怕；不常見的自然現象，常常是我們所不習慣的，因之便既使我們怪，也使我們怕，認爲那是一種可怕的妖事。在荀子看來，「怪」是應該的，「畏」就不必了。

「無何也」，就是白話文中的「沒有什麼」。「天地之變，陰陽之化」，即是「自然現象的變化」。天地，陰陽，都是所謂的自然。變也就是化。這是一個意思，而用兩個句子說出來。這是古書中常常有的句法。如果我們把它們當作兩個句子，兩個意思來讀，就會越讀越不通了。

夫日月之有蝕，風雨之不時，怪星之黨見。是無世而不常有之。

在不常見的自然現象中，像日蝕、月蝕、不該下雨時下的雨、不該刮風時刮的風、怪星的出現，無論在那個時代都是常有的，只是比較少見而已。

「不時」，即不定時，引申說來，就是不當該的意思。「怪星」，很可能是指慧星而言。慧星很不常見。在古時以爲天上的慧星出現，就表示人間要有戰爭，而且是大的戰爭了。

「黨見」的「黨」，古人的解釋，依個人看來，都很難順適地讀在荀子本文之中。那我們不管它也就是了。古書中確有許多字是不能用今天的語言解釋出來的。如果我們非要求得一個絕對妥當的解釋不可，實在說來是太死心眼兒了。讀書，那能把每一個字都弄得清清楚楚呢？

> 上明而政平，則是雖並世起，無傷也；上闇而政險，則是雖無一至者，無益也。

「上」，即指政府，尤指國君而言。「是」，在文言文中多用作代名詞，即「那些事情」。「那些事情」，在這裏當然就是代表日蝕、月蝕、慧星等的出現。古之以三十年爲一世；「起」是發生。「並世起」，就是說三十年之間發生很多次。

不常見的自然現象既然也是只不過是自然現象，與人間社會的一切毫無關係。那麼，我們只把它當作不常見的自然現象也就算了。

如果我們把這些不常見的自然現象只當作自然現象，那麼只要我們把我們人當該做的事做好，君主聖明，政治和平，即令這些不常見自然現象一世之中兩三次出現對我們人間世界的生活也是沒有妨害的。反過來說，如果君主昏闇，政治險詐，即令這些不常見的自然現象一次也未發生，對我們人間世界的生活也沒什麼好處。

人間社會中的「福」，是「人」自己謀求而來；人間社會的「禍」，也是「人」自己招致而來的。可是，如果我們再進一步地來想一想，並不是人間社會中的每一個人都對人間社會的禍福具有同等大小的影響力。那些社會地位愈高，社會權柄愈大的人影響力就愈大。這是一個古今中外皆然而不可爭議的事實。所以荀子就特別強調這一點。故曰：「上明而政平，則是雖並世起，無傷也；上闇而政險，則是雖無一至者，無益也」。

在這裏我們必須把發生在我國思想史上且影響我國歷史之發展至鉅的一個問題加以釐清。

那就是西漢儒者所謂的「災、異」問題。

「災」就是天災，如水災、旱災、蟲災、地震等。「異」，就是些自然界的異常現象，如日蝕、月蝕、流星、隕石、動物與人類的怪胎等等。這一些，在荀子看來，尤其依我們現代的人看來，都不過是「天地之變，陰陽之化，物之罕至者也。怪之可也，而畏之非也」的罕見自然現象而已。而且，自現代人的眼目中看來，根本也並不值得「怪」了，自然也就不值得「畏」了。

可是，西漢的儒者們都把它們解釋爲上天對人間社會的懲罰或警告。懲罰，是加在普通人民身上的；警告，則是警告大皇帝的。而且，他們把這懲罰與警告連在一起，說上天之所以要把這些災難加到普通人民身上，並不是因爲人民做了什麼罪惡之事，而是因爲大皇帝做了罪惡之事，大皇帝必須爲無辜人民所受的那些來自上天的「災」難負責任。至於那些構不成災難的「異」常現象，他們自可解釋爲那是直接警告大皇帝，「這只是給你一點顏色看看，你再不好好做，就有災難來了」。

這種解釋，當然是極其荒謬的。

他們爲什麼要做這樣的荒謬？

他們太愚蠢了嗎？

不是。他們不一定比我們現代人聰明，也不一定比我們現代人不聰明。

他們瘋了嗎？

也不是。他們也像我們一樣是正常人。

他們太迂腐嗎？

更不是。他們比我們現代人實際多了。而他們對社會人群的實際貢獻，其實是比我們現代好批評他們爲「迂腐」的人士高出不知幾千萬倍！他們並不迂腐。

實在說來，我們現代人在很多、很多地方都比古人聰明只有一個地方不比古人聰明，那就是我們現代人知道自己比古人聰明。

漢高祖以平民起家，身登九五之尊，作了君臨四海的大皇帝。在現在就是很不平常的了，在那個時候更是不平常。所以，漢自高帝以降的皇帝們都認爲他們是「承天景命」應當作皇帝的，天下與天下萬民都是他們的私產，自然他們愛怎麼支配便怎麼支配了。

這還了得！

於是漢代的儒者們便想出許多辦法來抵制或抵消他們這可以爲所欲爲的「當然」感。間接告訴他們，他們並沒有這種他們自己以爲天生具有的「當然支配權。其中之一便是「災異」之說。

試想天下之大，那裏不會出件怪異的事情呢？那年不會發生些大小天災呢？卽令完全沒有，以那時交通的不便，民知的不開，揑造他幾件也是可以的。這樣，只要在這普天之下，無論那地方發生了些什麼「災」，那地方發生了些什麼「異」，儒生便可指着大皇帝的鼻子說：「一定是你做錯了什麼事情，上天才降下這些災異的」！這樣，大皇帝們便不能不檢討一下自己的行爲。如果他們檢討的結果是「我並沒有做任何一件壞事情。」這時，儒生們又可說：「那一定是你心中想作壞事未作出來罷了！你應該好好反省一下」。再試想，孔子聖人到七十歲才說：「從心所欲不逾矩。」一個人心中所思所想那能處處都合義理？這樣，大皇帝反省的結果一定是：「這些儒生眞聰明，我確有些不正當的想法。所以上天才警告我」。

這樣，一個必然的結果便是漢代那些大皇帝們無時無刻不在檢討自己的行事，反省自己的思想。眞是，「戰戰兢兢，如臨深淵，如履薄冰」。所以，兩漢無暴君。如果我們讀漢書時稍微注意一下，在西漢那些大皇帝的詔書之中的確是充滿了「戒愼恐懼」之言辭的。

這種災異之說一直影響到淸代末年。

這樣，受到福分的不是別人，正是普天之下的人民。

現代的民主國家元首實具有類似從前大皇帝那樣的權柄與影響力。他們的思想、行事也當受到應該有的限制。但現在，科學已證明災異之說是完全荒謬的，不能再用了。那麼，人民用什麼方法限制他們呢？這個答案自然就是「法律」，尤其是「憲法」。

以前的君主制是無法而有「天」；現在的民主制是無天而有「法」。如果現在旣已「無天」，復又「無法」，一個國家負責人的思想、行動只憑一己興之所至隨意的 arbitrary 亂行，則「人民」所遭受到的災難自然就要比那「專制時期」、「封建時代」更大更多了！

夫星之墜、木之鳴，是天地之變，陰陽之化，物之罕至者也。怪之可也，而畏之非也。

重複言之，可見荀子對此義之重視。

星墜木鳴，常人以爲是可怕的妖事。而荀子則以爲是自然變化中少見的自然現象而已，並不是妖事。那麼宇宙之間有沒有妖事呢？

有！

在那裏？是什麼？

物之已至者，人妖則可畏也。

宇宙萬物，都有它發展中的「常」，也有它發展中的「變」。常，即平常我們所謂的正常；變，即平常我們所謂的不正常。人是宇宙萬物之一，自然也有其發展中的正常與不正常。宇宙萬物之中的任何一物，唯有得到它的正常發展，才能成爲一物；否則，得不到正常的發展，就是荀子這裏所謂的「妖」了。「妖」，在我們一般的迷信中是能禍患人的。不過，在荀子看來，萬物不正常發展的「妖」，不管它是如何地不平常，畢竟也是自然的發展，它並沒有禍患人的能力。眞正能禍患人的不是其他萬物之妖，乃是「人妖」。

什麼是人妖呢？

我們可以從兩方面來了解。

從自然生命的發展來說，人像其他萬物一樣，也可有些不正常的發展，如連體嬰、雙頭嬰、陰陽人等等。這在古時也可以說是「妖」了。但這種「妖」只是自然生命的不正常發展，像其他萬物的不正常發展一樣，並不能禍患人。

依荀子之意，能禍患人的「人妖」乃是違背人之所以爲人的道理，不守人之所以爲人之職分的非人之「人」。乃是人之人文意義的不正常發展，而不是人之生物學意義的不正常發展。

> 田薉稼惡，糴貴民饑，道路有死人。夫是之謂人妖。

田裏全是荒草，莊稼收成不好，食物昂貴，人民不得其食而飢餒至死，餓殍到處。這就是一種人妖。

政令不明，擧錯不時，本事不理。夫是之謂人妖。

國家政令不明，隨便在非農閒的時候大興工役，使老百姓不能做好爲國家社會之根本的農桑耕織之事。這也是一種人妖。

禮義不修，內外無別，男女淫亂，則父子相疑，上下乖離，寇難並至。夫是之謂人妖。

在人羣集體生活的社會中，沒有禮義作爲共同生活的共同準則，那麼社會除了一個「亂」字之外是再也沒有別的了。在社會生活中最容易發生的亂，而且又是影響最大的亂，就是男女之間的淫亂。男女之所以淫亂，就因於在人群共同生活中男女無別。「內外無別」，就是男女無別。而男女之所以無別，又因於禮義不修。

男女淫亂的惡劣影響，可以在人間至親的父子關係中撒下互不相信的種子，破壞整個家庭生活的秩序與和諧。進而言之，由家庭至社會，它也可以直接造成社會生活的秩序與和諧的破滅，這就是所謂的「上下乖離」。男女淫亂，使人不像人；父子相疑，使家庭不像家庭；上下乖離，使社會不像社會。一個國家，每一個人都不像人，每一個家庭都不像家庭，整個社會也就自然不像社會。正如荀子所說「肉腐出蟲，魚枯生蠹，怠慢忘身，禍災乃作」，必然的結果便是「寇難並至」。這樣，自然天下大亂，萬民禍患。

妖是生於亂。

「是」，就是「事」。妖事生於亂。亂，就是反常的發展。人的自然生命有自然生命的正常發展方式，人文、社會、文化生活也各自有其正常發展的方式。在其正常之謂「吉」，離其正常之謂「凶」。故老子曰：「夫物芸芸，各歸其根；歸根曰靜，靜曰復命；復命曰常，知常曰明；不知常，妄作凶」。

三者錯，無安國。

「錯」，或解作發生、出現，或解作交互出現，都是一樣的。只要這三種妖事出現，國家一定是不能安定的。國家不安，人民自然禍患無窮。

其說甚爾，其災甚慘。

「說」，就是道理。「爾」，同「邇」，就是淺近的意思。這句話意思就是說，這些道理是非常淺近易懂的，但是如人們不聽信，則形成的災難也就是最慘的。

爲什麼呢？

因爲，這裏所謂的淺近，並不是像演算數學中 1+1=2 那樣簡易的淺近，而是說這道理乃是人之所以爲人之根本的道理。這裏出了問題，就是在人之所以爲人的地方出了問題。在人之所以爲人的地方出的問題，就形成人之所以爲人的災難。「天作孽，猶可違；自作孽，不可活」。所以「其災甚慘」。

勉力不時，則牛馬相生。六畜作妖。可怪也，不可畏也。

這是說明凡自然生命因受不正常外力影響而產生的不正常發展的「妖」，可怪而不可畏，因爲它不能禍患人。如果用力過度，牛也會生馬，馬也許會生牛。如此「牛馬相生」之妖，只是自然生命的反常發展，不能禍患人的。如以今日的情形而論之，人因服用藥物之不當，也可能產生千奇百怪的畸形胎兒，也是可怪而不可畏的，因它不能禍患人。

傳曰：「萬物之怪書不說。」

古人常用「傳曰」二字來說明一種直接的引述。究竟他從那裏引來的，有些我們可從現存的古書中查尋出來，有些我們根本無從查尋。荀子這句「傳曰」就是我們無從查尋的。

「書」，就是記載。「說」，有稱述，傳述的意思。整句話的意思，，就是有關宇宙萬物的那些奇怪的記載，我們不應當去述說它。

無用之辯，不急之察，棄而不治。

戰國之世，百家爭鳴。有些雖有所偏但總可在某些方面有利於國計民生，人心世道；但也確有些是「無用之辯，不急之察」；而且，不僅無用、不急，以荀子看來，還是有毒有害的。當然，這有用、無用之間的標準說起來也是甚難斷定的。如果辯論起來，人人皆可言之成理，持之有故，便沒有一個客觀的公是公非了。果如此，荀子這句話本身便也就沒有意義了。以荀子之知慧，他當然不會使自己的議論陷入一個無意義的泥淖中。荀子在說這句話的時候，他是有一個客觀而具有人性眞實之原則爲其思理支柱的。

若夫君臣之義，父子之親，夫婦之別，則是日切磋而不舍也。

先秦時代，有所謂諸子百家之學。近代的學問就更多了，所以我們常稱這是一個知識爆炸的時代。試看每一所大學之中都有很多、很多的系，每系之中也不僅只有一門學問。不管是站大學門外，或在大學門內，一目望去，面對那麼多種的學門，實在使人眼花繚亂，心神迷幻。其實，這是沒有必要的。所謂學問，從其根本性質上，可以分爲二種。一是以外在世界的事事物物爲研究對象，可使研究者成爲一個專家 technician 的學問。這種學問的本質是技術性的。另外一種是以探究人本身的「當該」爲目的，使人成爲「人」human 的學問。這種學問的本質不是技術的而是生命的或說是人生的。技術性的學問，自今日而言之，人人都可看到它的重要性；人生的學問，生命的學問相形之下，它的重要性就不大容易被人認識到。不過，無論它的重要性能不能被現代人所認取，它的重要性總是如如其是地在那裏擺着絲毫不受其影響的。正如瞎子看不見太陽，故意鑽在地窖中的人也看不見太陽但是太陽總是依然如故地在天上照耀着。卽令全世界的人都是瞎子，卽令全世界的人都鑽在地窖中，都看不見它，它是在那裏照耀着；全世界的瞎子都復了，全世界的人都從地窖中鑽了出來了，都看見了它，它還是在那裏照耀着。

講求人生「當該」的學問，通常都稱爲「人文學」humanities，主要在指歷史、文學和哲學而言，不包括科學在內。現在人喜歡用科學研究的方法來處理歷史、文學和哲學的問題，而總稱這些學問爲人文科學，實在說來，是很不相應的。

就人文學的立場來說，歷史與文學乃是哲學的外圍。哲學大致可分兩類。就一般現象加以解釋或釐清的哲學，爲第二序列 secondary order 的哲學；對宇宙人生之最後眞實加以討論的稱第一序列 first order 的哲學。就第一序列的哲學而言，實包括宗教在內，這就是宗教可以稱爲一種哲學的原因。同時，凡第一序列的哲學都在實質上具有宗教的意義、作用與價值。

就第一序列討論宇宙人生最後眞實的哲學來說，在人類歷史之發展過程中大致可分三系。它們的共同目的都在要求一個完美的人生，也就是一個「當該」的人生，但方式卻各自不同。

一、希伯來的方式，強調人是被上神耶和華譴責下來具有原罪的存在，自然本身自是不完美的。要完美就必須等上神派遣一個救世主下來方可。所以希伯來便一直生活在「盼望」這救世主到來之中。耶穌承襲希伯來之教義，說他自己就是這位救世主，凡信他的就得完美。這便是基督教的基本根據。可是，希伯來人並不承認。所以，基督教傳遍全世界卻得不到希伯來人的信仰。但是，不管傳統的希伯來信仰或基督教信仰都同樣地肯定那個上帝耶和華。因之，就把人間和天國一分為二，人生的完美不在世間而在天上、不在生前而在死後；非由自我作主，乃由上天作主。

二、傳統的印度方式，肯定一個高高在上的梵天，人間則被死死地依生物學原則分為波羅門、刹帝利、吠舍、首陀羅四「種姓」。波羅門是最完美的，以次到首陀羅，幾乎等於一般動物，是最不完美的。一個人能否生為波羅門種姓全無一定，自己在今生做不得主，要待死後的來生。後來的佛教肯定眾生平等，靠著自己的修行，人人可在今生得到生命之完美；因為每人的生命中都有一個「完美」的種子，那就是一個人眞正的「我」。比起印度傳統思想與希伯來式思想，佛教獨能肯定人類的心靈價值。但是，它像我國的道家和希伯來、印度的傳統思想一樣，認為人的社會生活是毫無意義，毫無價值的，人必須出離社會，即所謂「出世」方可得到「完美」。

三、儒家的方式是既肯定「天」，也肯定「人」，「天命」與「人性」，根本是一物之二面；既肯定「死後」，也肯定「生前」，「死後」與「生前」根本是生命之一貫；既肯定「心靈」，也肯定「社會」，「心靈」與「社會」，根本是道德價值之一體。依亞里斯多德說，人既是理性的存在，又是社會的存在。人的社會性如何可以一筆抹殺？心靈，理性的價值不在社會中實現在那裏實現？「來生」何如「今生」？「死後」何如「生前」？因此，依儒家之教義，人的「完美」，既是心靈的，也是社會的。所以，儒家除善講心靈完美外，並善講社會生活「五倫」之完美。

五倫，即所謂父子有親，君臣有義，夫婦有別，長幼有序，朋友有信。尚書時代的中國人已經注意到了，儒家只是重新肯定而已。五倫，說起來是「五」倫；其實，只有三類。

一、家庭關係，以血統關係爲基準。縱的方面是父子，橫的方面是兄弟。當然，不管縱的或橫的，都還有直接的和間接之分。這樣便形成了一個原則上可以是無限的關係網。這種關係，正因其以血統爲基準，故曰：「親」。父子是親，兄弟也是「親」；祖孫是「親」，堂兄弟也是「親」。親、疏自然有別，原則並無二致。

二、社會關係，以道義關係爲基準。縱的方面是君臣，橫的方面是朋友。不管縱的或橫的，都也還有直接與間接之分。這樣，也便形成了一個原則上可以是無限的關係網。其根據不是血統原則而是道義原則，所以在社會關係中，乃以道義爲準。道義，通常我們以一個「義」字爲代表。

三、夫婦關係或男女關係，應以「情」爲基準，但古人總只說一個「別」字。古人不說「情」，但「情」未嘗不在。這以「情」爲基準的兩性關係，在未定「情」之前也可能是一個潛能性的無限 Potential unlimitedness，但在定「情」之後，便只應是一個二人之間的有限。古人不講「情」而講「別」、實具有二義：就男女之已成爲夫婦而言，乃「別」其在家庭中與社會中所負的責任與義務；就未成爲夫婦之男女而言，乃「別」其在交接中各自當守之分際界限。

依儒家所承受的中國傳統而言，一個人如果能將這三種關係調整得好，便是無窮的福樂，否則，便是無窮的痛苦。在這方面造成痛苦的原因，可從三方面來說：

一、這三種關係在個人生活中常生衝突。這種衝突有因環境之變動形成的，有因個人的愚蠢形成的。人只要陷入這衝突中便是無可解救。因爲表面上是這三種關係的衝突，其實是個人人格發展與成長本身的衝突。人在這種衝突中，實在是只有「無語問青天」一句話差可形容。中國式的悲劇，多是發生在這種衝突中的。

二、這三種關係，說起來很簡單，其實每一種關係與每一種關係中的任何一個支節，都是內容複雜萬端且變化無窮的。無論在那個交接處弄不好都會使整個的架構爲之摧毀無餘。所以，人在這複雜萬端，變化無窮的內容中生活，就必須隨時注意以免差錯。

三、在這三種關係中，最容易出毛病且足以摧毀人生中之一切的，便是非常規的男女關係。性欲是人生最基本的欲望，它實可以說是人類自然生命的核心。性欲之滿足與要求，自性欲本身來說，是無限的；用以滿足性欲之對象，自性欲本身來說，也是無限的。如果順着這無限性，一任性欲自然發展下去，任何人都可以推想出來一個「天下大亂」的結論來。

基於這種原因，儒家與爲儒家所承繼的與其所開啓的我國傳統思想，都以調整這三種關係，也就是把這三種關係納入到一個理性的軌道中，爲首要之用心所在。近代人多對這種思想嗤之以鼻，認爲這對人生之自然性是一種「限制」。殊不知，人生必須在這「限制」中才能得到「成全」。馬路上十字路口不是就在「限制」人中「成全」人的嗎？

這裏實需要隨時注意留心。

明乎此，荀子「若夫君臣之義，父子之親，夫婦之別，則日切磋而不舍也」便不應該被視爲一種無謂的迂腐之言了！因，這裏是人生之眞實與當該。

「雩而雨，何也」？曰：「無何也，猶不雩而雨也」。

「雩」，是古代因天旱而祈求神明降雨的祭祀。天旱了，人們便祈神求雨；人們祈神求雨，神就下了雨。這是什麼道理呢？在荀子看來，這毫無道理。故曰：「無何也」。天下雨，徹底是個自然現象，與人的「求」絲毫沒有關係。求雨不求雨，是人的事；下雨不下雨是「天」的事「天」是自然現象。自然現象並不由「人」的意志控制、影響。而且，天下雨也只是種自然現象，並沒有一個有意志、有感情、有好惡、有是非的人格的 personal 超自然現象的實體，如龍王爺、老天爺那樣的「神」在控制、主宰著。天上既沒有這樣的「神」之存在，下雨不下雨既然只是一種自然現象，那麼人因天旱而求雨便是一件毫無意義的事情。

可是，在天旱的季節中，有時人一求雨天便下了雨。這是什麼道理呢？在荀子看來，這毫無道理，這只是湊巧而已。湊巧，即所謂偶然的occasional, accidental，「求」雨與「得」雨之間，並沒有一個必然性 necessity。所以，我們在土地廟常看到有一塊紅布上面寫「有求必應」四個大字，那個「必」字是很「不必」的。它只代表主觀一廂情願的妄想 delusion，並沒有客觀的確定性 certainty。所以只是

「迷信」。

日月蝕而救之，天旱而雩，卜筮而後決大事，

這些統統都是迷信，因爲都是妄把 delusion 當 certainty 的。

非以爲得求也，以文之也。

既然這些事都是迷信，爲什麼我們還要做呢？在荀子以爲這些都是歷史累積下來風俗習慣的「虛文」，用現在的話來說就是完全沒有實質內容的純形式工作。我們這樣做，只是依照風俗習慣意思意思，支應一下故事而已，不能認爲眞是我們怎樣「求」天神便必然使我們怎樣「得」。故曰：「非以爲得求也，以文之也」。

故君子以爲文，百姓以爲神。

「君子」，即所謂眞能知這些事情都是沒有實質內容的虛文的人。「百姓」，自然就是普通人。普通人認爲這些事都是有天神在主宰著的，所以凡事皆求神。君

子只把它當作虛文故事而已。

以爲文則吉，以爲神則凶也。

把這些事都當作虛文來支應一下，一切求之於己，就「吉」。以爲這些事都是由神決定，一切捨己而求天，就一定要「凶」了。

在天者，莫明於日月；在地者，莫明於水火；在物者，莫明於珠玉；在人者，莫明於禮義。

我國有「天不生仲尼，萬古如常夜」一語。其實，司馬遷早就說過「聖人作而萬物睹」一句話了。耶教經書中載有耶穌所說的「我就是光」這句話。佛教有本經，題名就叫「大光明經」。這樣，我們就很容易追問：「孔子、釋迦、耶穌以前，人們都必須打燈籠做事嗎？太陽到那裏去了」？

這些，顯示一個問題。

光有二種：一是物理的，一是靈性的。

日月、水火、珠玉，所代表的光明，都是物理的；孔子、釋迦、耶穌所代表的光明都是靈性的。物理的光只能用物理的方式來感受，心靈的光只能用心靈的方式來感受。物理的光負責照亮物理的世界，心靈的光負責照亮心靈的世界。

無論佛教、基督教或我國的道家，都是把心靈世界局限於主體的自我之內；只有這裏才是「屬靈」的，人間社會的一切都是不在心靈世界之內的。只有我國的儒家能夠承認不僅主體的自我是心靈世界的內容，客觀的世界也是心靈世界的內容。「聖人作而萬物睹」，即表示聖人的心靈之光不僅使個人主觀自我世界中的是非、善惡釐然分明，而且也照見客觀的人間世界中的是非、善惡，使之釐然分明。

禮義，以儒家的思想來說，就是心靈之光明投射在人間社會中，在人與人之間的生活中構成人羣共同遵守的規律。所以，用學術的語言來說，禮義就是由心靈之光客觀化而成的人羣社會生活秩序。所以，它是一種「光明」。

關於禮義之光明，我們當從兩方面來了解：一是法律政治；一是生活教養。但不管是那方面，它所負的責任都是有關人羣集體生活的。它既照亮人羣集體生活中的善惡、是非，所以它也使人羣集體生活中的諸事物各自得到其應得的意義。所以，不僅「聖人作而萬物睹」，而且「聖人作而萬物成」。心靈的光明，不僅是消極地照亮而且還是積極地貞定。故曰：「在人者，莫明於禮義」。

故日月不高，則光明不赫；水火不積，則輝潤不博；珠玉不睹，則王公不以爲寶；禮義不加於國家，則功名不白。

「日月不高，則光明不赫；水火不積，則輝潤不博；珠玉不睹，則王公不以爲寶」數句，都是爲「禮義不加於國家，則功名不白」作陪襯的。「白」，即清清楚楚，顯顯亮亮，有眞正成績作出來的意思。「功」，即社會客觀事業的建構。大學說：「物有本末，事有終始。知所先後，則近道矣。」這本末、終始、先後，就是人間社會中諸事情的內在秩序。不僅人間世界的諸事物是如此，自然界諸事物也都是各有其內在的秩序的。就人間世界諸事物內在的秩序來說，卽所謂「禮義」。所以，不知禮義則不能在人間社會中成就任何事情。「名」，就是人間世界萬物萬事之名，荀子另有正名篇專門討論這個問題。孔子也有「正名」的教訓。「名」不能僅是一個「名」，必須要有「實」爲其內容，否則卽是空名或亂名。空名、亂名，都是足以淆亂是非、顚倒善惡，進而至於敗壞人間世界的。但是，我們要憑藉什麼「正名」呢？自然也是非「禮義」莫屬了。故曰：「禮義不加於國家，則功名不白」。因爲「禮者，法之大分，而類之綱紀也」。

故曰：「人之命在天，國之命在禮」。

在這裏，荀子講個體生命與由國家所代表人羣集體生命的不同。個體生命是個拋物線的生滅，盛衰過程，服從自然原則。故曰：「人之命在天」。「在天」，就是由自然原則來決定的。由國家所代表的人羣集體生活之生命，如果也只是服從自然原則，那麼人羣就與鳥獸之羣沒有分別，便不能以「國家」言。國家之所以爲國家，就在它是一個由理性原則所構成的生命體。所以，國家的生命，乃是一個理性的生命，與個人的自然生命絕不相同。理性生命，自然要服從理性原則，由理性原則來決定。如果，這個代表人羣體生活的國家生命體眞是根據理性原則而構成，服從理性原則，這個國家便只有生沒有滅，只有盛沒有衰。反之，如果這個代表人羣集體生活的國家生命體，不是由理性原則所構成，不服從理性原則，則此人羣集體生活必墮落而成爲一種生物學的自然事件，由自然原則決定，國家就不能成爲國家了。故曰：「人之命在天，國之命在禮。」禮，就是理性原則的客觀化條文。

君人者，隆禮尊賢而王，

國家的生命以理性原則成，不能由自然原則成；國家的生命只可以服從理性原則，不可以服從自然原則。但是，誰來決定國家究竟是要服從什麼原則呢？在古時自然就是國君了。不僅在古時是國君，即令在今天無論多麼民主的國家，它的國家元首還是居於決定性地位的。

荀子在這裏把君主分爲不同的四類，自然在這些君主主理之下的國家也就有四種不同的命運了。

「隆禮」指作事，「尊賢」指用人。一個君主，處理政事以「禮」爲首要原則，用人以「尊賢」爲首要原則，就一定能「王」天下。「王」者「旺」也，就是使一切欣欣向榮的意思。而這一切欣欣向榮的眞正涵義，乃是國家之內，政府、民間，人皆爲眞正的人，事皆爲眞正的事。一個國家之內，人皆爲眞正的人，事皆爲眞正的事，即是天下大治。

重法愛民而霸，

法與禮，近似而不同。禮一定是以理性原則構成，法則不一定全由理性原則。不僅商鞅的法不一定全是理性原則，就是管仲的制度也不一定全是理性原則的。但是，管仲、商鞅都可使其國霸。爲什麼？因爲「惡法勝於無法」。只要有個客觀的法，不管它理性不理性，人民便有所遵循；人民有所遵循，便可成就一時之事業。

「愛民」，乃是以愛民爲目的而愛民的意思。這用佛家名詞來說就是「有爲法」了，「有爲」就表示有一個「故意」在那裏；有一個「故意」在那裏，便不是出於「自然」。前面講「王」者，只說「隆禮尊賢」，不講「愛民」。雖不講「愛民」，因能「隆禮尊賢」就已經「愛民」了。這是「無爲法」，是自然而然非故意的。

王霸之別，就在這地方。

好利多詐而危，

孟子說：「上下交征利而國危矣」，也是這個意思。因爲，一個國君治理國家如果以「利」爲原則，則必用詐。因爲，利之所在，人人趨之；人人皆欲得利，必爭；爭，必用詐，不用詐則不能得。如果，一個國家上下皆以詐謀爭利，其民心一定不能和諧；民心不能和諧，自然是不能安定的。

權謀、傾覆、幽險，而盡亡之矣。

「權謀、傾覆、幽險」六字，如用來形容戰國時代蘇秦、張儀所代表的縱橫家和韓非、李斯所代表的那種法家，是再好也沒有的了。用現在的話來說，這都是無原則的政治撥弄，玩耍與攪亂。說到這裏，一定有人要問：「你說蘇秦、張儀無原則我們承認；你說韓非、李斯也無原則，我們就很難接受，韓非、李斯不是很有一套哲學的嗎」？

這一個問題其實是很容易回答的。孔子說：「道二，仁與不仁而已。」又說：「政者政也」。從「政者政也」來說，政治的原則，或說是政治的哲學，自基本上的第一序列來說，並沒有很多，只應是「理性」二字。理性，用老式的話來說，便是道德。政治的基礎在根據道德，政治的目的在實現道德。至於怎樣實現這第一序列原則的那些屬於第二序列原則的政治體制，或君主，或民主，或中央集權，或地方分權，或內閣制，或總統制，都是無所謂的，只要不離開且以實現第一序列的理性原則爲目的就可以了。蘇秦、張儀，根本是無原則的，不僅無第一序列的原則，也無第二序列的原則，只是些現實上的耍弄、攪和。根本不談上「政治」二字，所以，孟子說他們是「妾婦之道」。近代人好用「外交家」來說他兩個人，其實是不相應的。

韓非、李斯，我們在前面已經講過了，他以反理性的原則為原則，比蘇秦、張儀的無原則更壞事，更可惡。乃標準的「不仁」之道。

蘇秦、張儀、韓非、李斯，這些人，亡人之國、亡己之國；亡人之身，亡己之身，是小事。他們以其非理性的或反理性的「權謀」、「傾覆」和「幽險」撥弄、玩耍以攪亂天下，荼毒天下無辜之人，使之顛沛流離，鉗口不敢言，既不得其生，又不得其死。這事可就大了。

「盡亡之矣」，就是整個人間世界的崩解。

> 大天而思之，孰與物畜而制之？

天是「大」的，我們當然不能不承認。可是如果我們就因為天之「大」而成天去想它這「大」，我們是永遠想不完的。既然永遠想也想不完，那麼我們為什麼不把「天」當作自然物，好像養牛養鳥一樣，供我們使用呢？牛、馬是自然物，「天」何嘗不也是個自然物呢？

從天而欲之，孰與制天命而用之？

天當然是很大的，也是我們無從得而知的；再者，如果自人的立場上來說，天對人生活必需的準備，眞也可說是無微不至了。所以，宗教、迷信中都有天對人「恩賜」的說法。因此，宗教、迷信中的對天的歌頌與讚美也是無微而不至的。這些，以荀子看來，也全是沒有意義的。天只是個自然現象，它並非有意來恩賜我們，我們也無必要去歌頌它。與其我們浪費時間精力去歌頌它，何如我們依「天行之常」好好做事來充實我們生活呢？我們何不把「天行之常」當作足以充實我們生活的工具呢？

望時而待之，孰與應時而使之？

一年四時，春、夏、秋、冬。春耕、夏耘、秋收、冬藏。每一個人都是樂於秋冬之收藏而苦於春夏之耕耘的。但是要有秋冬之收藏，必須有春夏之耕耘。只每天想望秋天來時好收，冬天來好藏，是沒有用的；春天好好耕，夏天好好耘才是最切實際的做法。故曰：「望時而待之，孰與應時而使之」？「應時而使之」，就是在春天好好耕，在夏天好好耘。

因物而多之，孰與聘能而化之？

「多」，舊解都作蕃殖生息的意思。萬物皆可自然蕃殖。但是，如果我們只等物之自然蕃殖，不加以人為的努力使增加其蕃殖，那麼米、麥、鷄、鴨便都無法供給我們生活之所需。「聘能」，就是盡其能；「能」就是人之所能。「化」，就化育蕃殖的意思。全句的意思就是，我們與其等著稻、麥、鷄、鴨自然的蕃殖生長，就不如我們好好努力播種、鋤草、施肥、飼養使之依其自然加倍的成長。

思物而物之，孰與理物而勿失之？

這句話，實在說來，是不太好解釋的。

依前人的注釋，其全句的意思應是，如一個人每天只想把萬物拿來以為己有，何如善自調理萬物使不失其宜呢？

依個人看來，這個解釋是很不諦當的。可是我也沒有一個更好的解釋。

顧於物之所以生，孰與有物之所以成？

「物之所以生」，就是萬物所以生的先天根據。荀子以爲這些問題是不必我們費心考慮的。平常有所謂「先有蛋還是先有鷄」的辯論，就是一個標準的「物之所以生」的問題。試問，我們與其討論這一個問題，何如我們只把鷄拿來當作鷄來處理，只把蛋拿來當作蛋來處理，該怎麼煮就怎麼煮，該怎麼煎就怎麼煎呢？

故錯人而思天，則失萬物之情。

「情」，實際，實情。「萬物」，人類行爲世界之萬事，並非自然宇宙萬物。「萬物之情」，乃成之於人非成之天。所以，放下「人」當該作的事而不作，一天到晚只心想要「天」替自己去作。那就必像緣木求魚一樣非盡失萬物之情不可。從客觀來說，是失萬物之情；從主觀來說，乃是不能任何有成績可言，最後乃是一個「一事無成」。

百王之無變，足以爲道貫。一廢一起，應之以貫。

這裏的「百王」，並不是指百王本身而說的，而是指百王之治道，亦就指百王之「禮」而說的。而且，這「百王」是個泛稱詞，不是一個特稱詞；不僅指過去的先代聖王，同時也指未來的諸聖王而言。「禮」，在這裏其實卽指政道與治道而言。

「禮」，有因時、因人、因地制宜，可以變革且應該變革的，也有在任何時，任何地，任何人處皆不可變革的。不可變革的卽所謂「無變」的禮。無變之禮，乃是第一序列的禮；可變之禮，乃是第二序列的禮。第二序列的禮，如典章、制度、法令、規章等等，都是隨時、隨地可變革的。第一序列的禮，就是父子之親（又曰親親），君臣之義（又曰尊尊），男女之別，乃在任何時任何地任何人都是不可改變的。因爲，這是人之所以爲人的根本。這裏如果變革了那也就不成爲人了。這也是一切政治、社會制度的根本，故曰：「百王之無變，足以爲道貫」。這裏變革了也就不成政治社會了。所以第二序列的政治、社會制度之禮，無論怎麼變革，總要以這第一序列的父子之親、君臣之義、男女之別爲根本。故曰：「一廢一起，應之以貫」。

孔子在論語中說：「百世可知也」。就是在這第一序列的父子之親、君臣之義、男女之別的「禮」上可知。在第二序列的政治、社會制度上的「禮」，他如何能知？他並不是個預言家。

理貫不亂。不知貫，不知應變。貫之大體未嘗亡也。

不管爲人、做事、爲學、爲政，都要把握著第一序列的原則才能不亂。變是應該的，但不能以變應變，必須以不變來應變。如果在不變處不能把握清楚，把握結實，便不能應變。如果能在不變處把握清楚、把握結實，那麼「萬變不離其宗」，無論怎麼變都是無所謂的。

譬如孝順父母，孝心，愛父母便是這第一序列不變的原則。至於如何達成這孝心，那就須要隨時、隨地、隨人而變了。這方面全無一定。論語曾說：「有事弟子服其勞，有酒食先生饌。曾是以爲孝乎？」但是，如果父母血管硬化、高血壓、心臟病，怎麼辦呢？自然要變一變了。這時，有酒食最好做兒女的先吃掉，留下素菜給父母吃；早晨，做子女的最好賴在牀上不起，留下滿園落葉給老爸老媽掃掃，舒展一下筋骨吧！

亂生其差，治盡其詳。

「亂」，天下之亂；「治」，天下之治。「治盡其詳」，即是說天下之治乃是因第二序列的禮能充分實現第一序的禮；第一序列的禮能眞正如實地盡其作爲第二序列之禮的「道貫」之職責。如果第一序列的禮不能盡其做爲第二序列之禮「道貫」

的職責，第二序列的禮不能充分實現第一序列之禮，就是所謂的「差」。這「差」便是天下大亂之源。

> 故道之所善，中則可從，畸則不可爲，匿則大惑。

這裏「道」即指國家治道而言。道之所善在於「中」。「中」即恰當之意，即是「治盡其詳」之「詳」，故曰：「中則可從」。「畸」，即有偏差，即是第二序列的禮不能充分實現第一序列的禮。如此，便不足以治理天下國家。「匿」，即隱而不見之意。前人有解爲慝，作偏差講便與上句重複了。匿，就是是第二序列的禮完全不能實現第一序列的禮，或完全違背第一序列的禮，那就一定要「惑」了。這個「惑」不是一個人或一部分的「惑」，乃是整個國家、社會的「惑」。故曰：「大惑」。天下大惑，無不喪亂。

> 水行者表深，表不明則陷；治民者表道，表不明則亂。

「表」，就是「標示」的「標」，可作動詞解，也可作名詞解。

水行的人要看表明水之深度的標示，一尺就是一尺，五尺就是五尺，十尺就是十尺。如果實際是十尺深的水，標尺上只顯示出三尺的刻度。那麼，一個人一見只有三尺深的水，便涉水而渡，自然就要陷入那實際上是十尺深的水中而遭滅頂之災了。

治理天下國家也是如此。一切的法令、規章、制度必須要有客觀之確定性，此即所謂「表明」。如果沒有這客觀的確定性，天下必定大亂。因爲「國之命在禮」，禮亂則國家必亂而無疑。

> 禮者，表也。非禮，昏世也；昏世，大亂也。

社會人羣生活，必須有共同遵守的準則——即所謂「表」。依荀子之意，這種共同生活的「表」，就是「禮」。在社會共同生活中如果沒有一個共同生活的準則，那就是一個漆黑一團的社會。這種社會不僅要亂，而且要大亂。大亂，即是從根本上亂起，原則上非亂不可。

> 故道無不明。外內異表，隱顯有常，民陷乃去。

禮的明不明，禮的成爲禮不成爲禮，不在禮本身而在道。道就是上文的「道貫」。凡以第一序列之禮以爲根據、原則的第二序列的法令、規章、制度，都沒有不是詳明的。故曰：「道無不明」。

「外內異表」，「外」指國家社會生活；「內」，指家庭生活。國家、社會、家庭生活，都有其各自不同的規矩、制度而不相紊亂，錯雜。這裏的「隱顯」，當指君主而言。「隱」，卽君主思想，用心；「顯」，卽君主之言行。君主之用心、言行都有其常而不變幻、幽險，則人民的生活卽有常規可循而免於陷溺。說到這裏，我們應知韓非、李斯之「法」的本身，嚴格說來，也並非全無可取之處。但是，他們這法之根本與原則全在於一幽險、變幻、黑暗的無「常」之心，乃形成一個徹底的罪惡。

近代人喜歡望文生義，一見到韓非言法又以法家爲宗，便以爲韓非爲法治之聖人，國家制度建立的先知，眞是癡人說夢，全無見識。

萬物爲道一偏，一物爲萬物一偏，愚者爲一物一偏。

這三句話，僅從文句的表面上看來，可說是完全同一形式，了無差別，其實完全不一樣。其中最容易了解的便是這第二句「一物爲萬物一偏」。這是一部分與全體的關係之問題。任何一物都是宇宙萬物的一部分，這句話當然是沒有問題的。如果，我們把這「全體」加以限制也可以說：「我的手是我的身體之一部分」。那就是以「我的身體」爲「全體」了。這話當然也絕對正確。

「萬物爲道一偏」，就沒有這麼簡單。因爲，通常我們用到「萬物」這兩個字時並不是像爲胡適之先生尊奉爲中國懷疑論聖人的漢代王充那樣，萬物就意指不多不少正好一萬個物，不是九千九百九十九個也不是一萬零一個，乃是宇宙自然物之整全。「萬」，就代表這個整全，不是數學上 1000×10＝10000 的 10000。這一點，我們是非要弄清楚不可的。

「萬物」，就是「宇宙萬物」的整全。這樣，如果把「萬物爲道一偏」這句話完全依照「一物爲萬物一偏」這句話來了解，便完全不能通，完全不能了解。因爲，「萬物」既是宇宙萬物之整全，它就不能再是任何東西的一部分；它一旦成了其他物的一部分，它便不能是宇宙萬物之整全。所以，如果我們照這樣的方式來解釋這一句話，它便是一句自相矛盾不能成立的。

那麼，荀子說這句話意義在那裏呢？

要相應而恰當地了解這句話，我們必須換一種思想方式，那就是對於「一偏」

這兩個字我們不能套在部分與全體的關係中。這是一個存在的事實與存在的理由之間的關係。存在的理由就是存在的「理」之根據。譬如，桌子有桌子所根據而存在的道理，茶杯有茶杯所根據而存在的道理。桌子與桌子之理之間的關係，茶杯與茶杯之理之間的關係，都不是部分與全體的關係，而是存在物與存在根據之間的關係。簡單說來，這是個「事」與「理」之間的關係。凡一切存在「物」都是它存在根據的「理」的「一偏」。在這裏「一偏」二字不能白話翻譯爲「一部分」。因爲，文言文中這「一偏」不一定是一個以「量」論的「一部分」意義，而白話文中「一部分」就只能是以「量」論的「一部分」了。

如果我們能把這個道理弄清楚，「萬物爲道一偏」這句話便可了解了。「道」是「萬物」之「理」的「根據」，所以「萬物」必然是「道」的「一偏」。這句話，依希伯來教義的說法應該是「宇宙萬物爲上帝的一偏。」

「愚者爲一物一偏」，從句義上來說也是不通的。「一物」就是緊接著上句「一物爲萬物一偏」而說下來的「一物」說的，乃是指宇宙萬物中任何一物而言，並不特定是那一物。「愚者」，在這裏荀子是用來指稱任何一個人，並不特指一個知能不足者而說的。其實，就是眞指知能不足的人來說，這句話也是不通的。「愚者」如何能是隨便任何一物，如茶杯，的一部分呢？再說，任何一個普通人也不能是隨便任何一物，如茶杯，的一部分呀！

假如這「愚者」就是我。我現在用手來寫這文章。如果說我這隻手是宇宙萬物之一部分，可以；如果說「我」是我這隻手的一部分，行嗎？當然是不行的！事實上，我這手正好是「我」的一部分。再說，我現在是用這支原子筆在寫文章。如果說這支原子筆是宇宙萬物的一部分，可以；如果說「我」是這支原子筆的一部分，行嗎？我固然不是這支原子筆的一部分，這支原子筆也不是我的一部分，正如太陽不是我的一部分，我也不是太陽的一部分一樣。

那麼這句話該怎樣了解呢？

我們就必須從另外一個論點出發了。

這論點其實也很簡單。

太陽、原子筆、我這隻手，或者是宇宙萬物中的任何一物，就其爲「一物」來說，它們都只是「一物」而已。可是，在這任何一物身上都有極複雜的學問。太陽是如此，原子筆是如此，我這隻手是如此，宇宙萬物中任何一物也都是如此。面對在任何物身上都具有的極其複雜學問，「我」能知多少呢？自然是很有限的了。不要說太陽和其他宇宙萬物與這支原子筆了，我就對我這隻手的所知也是很有限的。「我是我這隻手的一部分」是不通且荒謬的；「我對我這隻手的所知，是我這隻手上所有複雜學問的一部分」則是完全可以理解的。

這就是「愚者爲一物一偏」的確定意義。

而自以爲知道，無知也。

「萬物爲『道』一偏，一物爲萬物一偏，愚者爲一偏」，每一個人對一物的認識，也只不過是一物身上學問的一部罷了。一物上面還有萬物，萬物上面還有「道」。如果一個人只知一物之一部分，就認爲自己已知了「道」，荀子給他的評語就是這三個字：「無知也」。

說到這裏，我們一定會以爲荀子所講「無知也」的「愚者」一定是一些很沒見識的普通人。其實不然，這些「愚者」卻正是歷史上鼎鼎大名的學問家哩！

愼子有見於後，無見於先；老子有見於詘，無見於信；墨子有見於齊，無見於畸；宋子有見於少，無見於多。有後而無先，則羣衆無門；有詘而無信，則貴賤不分；有齊而無畸，則政令不施，有少而無多，則羣衆不化。

原來荀子所謂的「愚者」，竟是這樣的人物！

這一段可以說是荀子對這些人學問的批評；對於荀子這些批評我們當然也要加以疏解與批評。可是在我們疏解批評荀子這些批評的時候，有兩點基本認識是必須先加以說明的。

一、荀子在批評這些人的時候，他的基本立場就是在人羣集體生活調整之肯定；從心思上來說，他是以一種客觀精神爲憑藉而說話的。如果我們不能認取荀子這基本立場和心靈憑藉，則荀子這些話便多是不可解甚至也多是沒意義的。

二、關於先秦諸子，我們現在確可以從教科書中看到某家有某些人，某人有某些與其他人不同的主張。這樣，會給我們一種印象，就是某家、某人、某主張都是清清楚楚，有條不紊，各不相淆亂的。果如此，我們就是被寫教科書的人所蒙蔽愚弄了！先秦諸子在先秦並沒有這麼清楚。因此，一個很奇怪的事實就是讀近代人寫的先秦諸子容易讀，先秦諸子寫的先秦諸子就不大容易讀。嚴格說來，先秦諸子在先秦就是不很清楚的，近代的人的「清楚」只是由近代人「武斷」與「盲目」所構成的。

現在就讓我們依次來檢討一下在荀子論列下的先秦諸子。

一、「愼子有見於後，無見於先……有後而無先，則群衆無門」。

愼子，就是愼到。愼到在有些教科書中是屬於法家的。莊子天下篇也曾說過他有不爭先之意。究竟愼子這話當時怎麼說的，我們現在實在是無從查考。不過，我們可以根據老子的一句來了解。老子確曾明白地說過「不爲天下先」這句話，但老子卻未有一定爲天下後的主張。老子講「和其光，同其塵」，乃是在社會生活中不特別顯現自己的意思。大概這也就算是老子的「後」了。因此，如果我們說荀子這裏「愼子有見於後無見於先」的「後」字乃是一個並不具有確定概念的泛稱字，應該是沒有問題的。

人羣的集體生活，不能僅像牛羣一樣完全是蠢然生物性的蠢動必須有一個方向。從社會生活上說，是文化方向；從政治生活上說，是政治方向。開啓這個方向，並領導人羣走向這方向的，必不是多數人而是少數人甚或一人；這少數人或一人必不是在人羣之中或在人羣之後，而是在人羣之前的，在人羣之「先」的。故曰：「有後而無先，則羣衆無門」。即令老子本人講這句話還不是站在羣衆之

「先」講的嗎？

二、「老子有見於詘，無見於信……有詘無信，則貴賤不分」。

「詘」，同「屈」，即深藏不露的意思。「信」，就是「伸」字，用現在的話來說，即是客觀實現的意思。老子有「大智若愚」一句話。表面的意思是眞正有大知慧的人是把他自己的大知深藏於心不表現在外的。所以又說：「知慧出，有大僞」。這裏「出」，就是「伸」的意思。老子反對人文世界中一切由人類知慧向外「伸」、「出」的構造。但是，我們再想一想，人間世界所以不同於物類世界的，就在這知慧「伸」、「出」的外在構造。這些構造固然有時不免限制人的自然與自由，但同時也增進了人類生活的內容，提高了人類的生命境界。

從原則上來說，每個心知正常的人都可在人間社會中作出與知慧之大小成正比的客觀貢獻。貢獻大的即荀子這裏所謂的「貴」，貢獻小的即所謂「賤」。人類社會貴賤有分乃人類社會自然之必然，必然之自然。如果一定要深藏不露，不作這種貢獻，強行刮平人類社會自然而必然當有的貴賤之分，乃適足以否定人間社會的「人間」本質。所以，貴賤分不分是小事，人間是不是要成爲眞正「人間」的社會乃是大事。

三、「墨子有見於齊，無見於畸……有齊而無畸，則政令不施」。

「齊」，就是人類生命的普遍性 universality.，「畸」，就是人類生命的個體性 individuality。普遍性，就是近代人所盛言的「大我」；個體性，就是近代所講的「小我」。近代人好講「犧牲小我，完成大我」這句話。這與五月十二號護士節「燃燒自己，照亮別人」的口號，實爲同一意義。這都是墨子之教的嫡傳。

當然，在人人皆自私自利的時代，用這些話提醒大家往「大」處想想，確乎是十分應該的。但是這些話是不能「當眞」的。如果「當眞」，試問：每個「小我」都犧牲了，往那裏照亮一個「大我」去？每個「自己」都燃燒了，往那裏去照亮一個「別人」去？這都是只見其「齊」，不見其「畸」的毛病。個體性如何以否定？那個人不是一個個體？如何可以隨便犧牲？如何可以隨便燃燒？

說到這裏，我們便可知道合作社「人人爲我，我爲人人」那句話是很見道的。因爲它能代表一個眞理。卽是這眞理就是在成就社會中，成就個人；在成就個人中，成就社會。人生的眞正意義卽在這樣同時肯定普遍性也肯定個體性當中見得。在成就大我中成就小我，在成就小我中成就大我。大我、小我都是「我」，都該成就。同時，在照亮別人中照亮自己，在照亮自己中照亮別人。別人、自己都是「自己」，都該照亮不該燃燒。這就是典型的儒家成己成物之道。朱熹那句「統體一太極、物物一太極」那句玄談，如能順著這個理實來了解，不僅我們覺得不玄而且字字親切、實在、無疑、無妄。

否定個體性，只肯定普遍性，墨子的眞意便是要破除人間社會的「差等」。這樣，人間集體生活，自理上來說，不是上同於天成爲「神」的，便是下同於物成爲「禽獸」的，就是不能成爲「人」的。「政令」，就是荀子所常言的禮法，乃是使人的生活眞正成爲「人」的生活的根本保證，既必要又充足。「政令不施」的初步意義是在「神」或「禽獸」的社會中禮法是根本排不上用場的；進一步的意義是「神」的社會是根本不可能實現的，本應該由禮法而成的「人」的人間社會便成了用不上禮法的「禽獸」世界。

四、「宋子有見於少，無見於多……有少而無多，則羣衆不化」。

在先秦諸子之中，所謂「宋子」恐怕是一個最令人費解的人物。在先秦諸子的書中幾乎都講到過他，但除了都承認他姓「宋」之外其他全不一樣。名字、生平不一樣，思想觀念也不一樣。因此，在這裏我們就依他這句話來論他這句話，其他的我們不管它也就是了。

這裏所謂「多」、「少」，究竟指什麼東西，我們是很難從荀子這篇天論中看到了的。但是，在荀子的其他篇中有說到宋子以人之情欲「寡」的話。所以，這「多」、「少」應該就是指情欲了。人的情欲是「少」還是「多」，大概並不是一個很難解決的問題。人的情欲確是「多」的，而且是多得無限的。但是，爲什麼有人像宋子這樣一定說是少呢？就是因爲人間社會的一切罪惡痛苦都是這多的情欲所製造出來的。既然，人間社會的罪惡痛苦都是由這多的情欲所製造出來的，我們就使這「多」變爲「少」，或根本不承認它是多，只承認它是少就可以了。前者是宗教家，尤其是苦行主義的宗教家的立場；後者就是宋子這種鴕鳥政策的立場。也許宋子兼有這兩者的立場也說不定。

人的情欲既是多，你一定說它少是不行的，你一定把它壓抑成少也是不行的。人既然有這種無限多的情欲，人既不能故意不承認它，也不能故意壓抑它，只能設法調整它，使它不致於泛濫。如此，消極的好處，在使它造不成罪惡與痛苦；積極的好處，調整後的情欲乃可增進人類生活內容，提高人類生命境界。因爲，情欲就是人自然生命力的直接作用，人間社會中的一切建構都是以生命力爲成就因的。沒有生命力，那來人間社會中的諸多成就？因此，如果眞把情欲壓抑成「少」或只承認情欲爲「少」，人間社會結果便只能成就一個死寂。佛家便是如此。故曰：「有少無多，則羣衆不化」。

書曰：「無有作好，遵王之道；無有作惡，遵王之路」。此之謂也。

這是出於尙書洪範篇中的幾句話。

「作好」，就是「故意好」；「作惡」，就是「故意惡」。在我們中國的傳統思想中，除法家之外，都是極討厭這個代表故意的「作」字的。故意便是違背自然，違背自然便是不好。孔子說：「吾述而不作」。即是說：「我只是順著人之所以爲人的自然之道敍述一下而已，並沒有故意做作」。在荀子看來，愼子、老子、墨子、宋子都是違背自然在故意造作言語，因此都是不可取的。看似聰明絕倫，其實是愚蠢到頂，故曰：「愚者」。

這幾句話，在近代比較容易生起誤會的就是「遵王」二字。「我爲什麼一定要遵從大皇帝的話而不能有我自己的意見呢？這不是思想言論不自由嗎？」其實尙書此處之「王」，就是荀子所謂的「聖王」，很像柏拉圖的「哲學家皇帝」。他既是人間政治地位的最高者，也是眞理的最高代表者，我們又何必一定要違背他，非自己故意造作一套不可呢？

四、荀子重要篇章大義簡介

㈠勸學篇

勸學篇，顧名思義，是勸人向學的。不過荀子這篇「勸學篇」與其他人的「勸學」不一樣的地方，乃在他有一個一定的理論基礎在支持著，並不是只簡單地勸人向學而已。荀子這理論基礎就是他以爲人不能生而爲善，必待學而爲善。君子、小人之差別不在先天的本質，乃在後天的學習。所以他說：「君子生非異也，善假於物也」。「善假於物」，就是善於學習的意思。才能方面如此，德性方面更是如此。一個人必須憑著他後天的學習才能成就他的道德人格，而且道德人格的功用以

「學」爲憑藉也必更加擴大。好像一個人的兩條腿已經會走路了，如果騎了一輛脚踏車就一定更快一點。

至於說到「學」的步驟，從修習先代文獻方面來說，是要先讀詩、書、最後至讀禮而成；從個人修養來說，是先爲士、君子，最後成爲聖人。以荀子看來，詩、書，只是先代的音樂歌詞和政事的記錄而已，而禮則是先代聖王治國平天下的根本所在。因爲禮是「法之大分而類之綱紀」，不僅是道德，而是「道德之極」。禮之所以爲道德之極，是因爲它既是爲「士」的根據，是爲「君子」的根據，更是爲「聖人」的根據。有禮，即是人；無禮，即是禽獸。

最後說到爲學的方式。以荀子之意，第一乃在於「師法」。因此擇師乃是學者最基本的要事。所謂「君子居必擇鄉，遊必就士，所以防邪僻而近中正也」。其次乃在於「積習」。依荀子之意，人不能自善，必須待積習而爲善。這道理很簡單，「不積蹞步，無以致千里；不積小流，無以成江海」。學必由「積」而成。積成之後，便可無入而不自得。所以「積土成山，風雨興焉；積水成淵，蛟龍生焉；積善成德，而神明自得，聖心備焉」。由此，即可見「積習」在荀子成德之學中的重要性了。這與孟子「反身而誠樂莫大焉」的成德方式是截然不同的。

㈡修身篇

荀子這裏的「修身」，大概可從兩方面來了解：一是主觀方面個人人格的調整；一是客觀方面社會關係之調整。這兩方面，其實只是一個整全。個人人格不能離開社會關係而獨存；社會關係也不能離開個人人格而具有眞實的意義。這不僅是荀子的看法，也是我國傳統的主流看法。儒家自孔子以降很中肯而相應地把握著了這個主流，其他各家就不免皆有所偏差了。荀子在這方面基本上與儒家的主流思想全無差別，差別只是究竟用什麼方法來調整。

就荀子來說，不管個人人格或社會關係都是要以禮法來調整的。禮法，在荀子的學術中，是一個首出庶物的領導觀念，無論什麼題目都要以它爲宗旨。這是我們在談荀子的時候必須注意的。

在荀子這篇「修身篇」中有一個小題目當該想一下的，就是關於人的氣質的問題。人，從氣質方面看來是很不同的。這種不同的氣質可使人有各種不同方向不同程度的發展。大略說來有好有壞。好的方面，當然可以任其自由發展；壞的方面，就必須加以調整。這就是我們平常所說的「變化氣質」。在荀子看來，人有九種氣質是我們必須用不同的方式加以調整變化的。

一、血氣剛強，則柔之以調和——一個人個性強，本來是一件好事。可是，如果只是一個「強」，便是有偏。偏便不好。必須加以「柔」化，使之「剛柔相濟」，才能立身成事。「調和」當然是在「禮」的節制之中調和的。禮是一種節制，也是一種和諧。「禮之用，和爲貴」便是這個意思。

二、知慮漸深，則一之以易良——「一之」的「一」，它應該是「平」字的意思。平，就是「平衡」。一個人知慮深潛本也是一件好事。但是過分潛深，便很容易流於陰險。陰險便不好了。這樣的個性，就必須用「簡易」、「善良」來平衡。

三、勇膽猛戾，則輔之以道順——順，就是訓；道，就是訓導。有些人生性猛烈、暴戾又膽大，暴勇，當然是不好的。對於這些人，「壓抑」的方式是絕對不行的。那就必須要像大禹治理洪水一樣，用順著他本身性質的引導方式使之歸於正道。故荀子曰「輔之」云云。

四、齊給便利，則節之以動止——「齊給便利」，是形容一個人反應快。「齊」就是「疾」，就是快的意思。「給」，有「急」的意思。「便利」就是隨便在什麼場合都能做對自己有利的反應。這些人，轉眼就是見識，固然是很快。但是，他們的毛病一在容易輕舉妄動，一在容易放棄原則。這當然就不好了。要調節這種性格，就須要使其穩重而有所肯定。「動」字可能是「重」字之誤寫。「止」，就是大學「知止而后有定」的「止」。

五、狹隘褊小，則廓之以廣大——「狹隘褊小」，就是我們平常說的「小器」，也就是諸葛亮告蜀漢後主「不可妄自菲薄」的「自菲薄」。很多人把自己看得太一文不值，因此他的一生便眞一文不值了。對治這種人的這種毛病，就是要「恢擴」他，使他自知天把他生在人世間交給他的責任是很大的，故不能小看自己。諸葛亮便是這樣開導後主的。

六、卑濕重遲貪利，則抗之以高義——「重遲」二字是多出的贅文，「濕」，就是「隰」，就是現在所謂的低窪地帶。低級的人一定貪利，貪利的人一定低級。要使這樣的人氣質有所變化，那就是要設法提高他的理想。故曰：「抗之以高志」。

七、庸衆駑散，則刦之以師友——嚴格說來，這些人並沒有顯明的壞處，只是庸俗、駑鈍與散漫。正如荀子在勸學篇中所說：「蓬生麻中，不扶而直；白沙在涅，與之俱黑」。只要有良師益友相扶持，他們都可以在進德修業中而得其成效。

八、怠慢僄弃，則炤之以禍災——弃同棄，僄同飄。都是輕浮的意思。怠慢，就是不負責任。言行輕浮而不負責任，是必然會招來禍災的。所以古來聖賢都以莊敬，厚重教人。對於具有這樣性格的人，積極地當然是敎之以莊敬、厚重；消極地乃是將這種必然的禍災告訴他。炤，就是昭，就是明白告訴他的意思。

九、愚款端愨，則合之以禮樂，通之以思索——這一種性格，在荀子心目中，是最好的；也可以說，只有這種性格才是好的。「愚」，絕不是今天我們通常所說「愚蠢」的「愚」。我們當通過論語「參也魯，柴也愚」來了解。這裏的「愚」、「魯」兩個字，都不是近代「愚蠢」和「魯鈍」的意思。柴，是高柴，論語有關他的記述很少。參，是曾參。論語中有關他的記載都顯示他是一個很有責任感、穩健而厚實的人。這種人多是「剛、毅、木、訥」不多講話的，故曰「魯」，曰「愚」。「款」，就是眞實。「端」，就是莊重。「愨」，就是忠謹。這應該是荀子最欣賞的一種性格，因爲我們從荀子書中可以讀到他本身就是這樣一個性格的人。禮的眞正意義，就是秩序；樂的眞正意義，就是和諧。依荀子之意，人如果僅是個性格之美，便不是眞正的美，因爲這樣的美只是氣質的。這正如宋人所說的「天生一個好皮囊」而已。眞正的人格之美乃是把這種氣質之美放在禮樂敎化的秩序與和諧之美中成就一種理性之美。這在荀子就是所謂「學」。但這樣的人格之美，仍不是眞正的人格之美。因爲，那很可能只是一種外在的模仿。所以，必須還得「通之以思索」。「通之以思索」，就是荀子在勸學篇中所說：「君子學也，入乎耳，著乎心，明乎四體，形乎動靜」中的「著乎心」。「著乎心」，就是在心上生根。禮樂敎化中的秩序與和諧之美都在人心中生了根，那麼這人的思想言行便不都「美」了嗎？所以，荀子說：「君子之學也以美其身。」

三不苟篇

荀子在這篇一開頭便說：「君子行不貴苟難，說不貴苟察，名不貴苟傳，唯其當之是貴。」這就是全篇宗旨。

「苟」，是苟且，也就是不合正道的意思。「不苟」，當然就不苟且，不「不合正道」。正道，在荀子看來，不是別的，就是禮義。禮義，在現代，常被人了解爲迂腐、頑固、限制人的意思。實在說來，完全錯了。它的眞正意義，就是對個人與社會具有正面積極價值的貢獻。

近代有些人專以製造世界紀錄爲目的，好像與毒蛇相處、自埋地下多少天不見天日，連續抽多少支香煙，喝多少打啤酒。這些「行」都是很「難能」的，所以可以入世界紀錄。但這些難能的「行」對社會又有些什麼貢獻呢？當然沒有。所以在荀子看來這就是些「苟難」之「行」。

還有些人，專門以打所謂「知名度」爲目的，優伶之屬動輒以離婚、製造緋聞爲捷徑，而一些學府中的所謂讀書人也以各種非學術的或假冒學術的伎倆爲手段以打知名度，在荀子看來無非都是些「苟傳」之名而已。

至於說到「說」這個字，如果我們以近代「學說」theory 這個字來解釋，那是再好也沒有了的。一些人專門造作一些言之自成理，持之自有故的理論，看起來好像是很有學問的樣子，其實都是無根的戲論；甚至傷風敗俗，觀念殺人，那就更是罪惡了。但是他又說得頭頭是道。這就叫做「苟察」之「說」。

㈣榮辱篇

顧名思義，這是講什麼叫做榮譽什麼叫做恥辱的一篇。在荀子以爲，君子、小人，從天性知能來說都是一樣的；好榮惡辱的心理傾向，君子小人也是一樣的。那麼君子、小人要從那裏分別呢？這分別就在求取的方式、手段上面了。方式、手段，即荀子所謂的「求之之道」。我們現在有些人常說「爲達目的，不擇手段」。照荀子看來，這是不對的。目的固然要擇好的，手段也是要擇好的。壞的手段絕不是達到好的目的應有途徑。

小人們言語極盡其誑誕之能事，却希望別人都信任他；行爲極盡其奸詐之能事，却希望別人都親愛他；自已爲人像禽獸一樣，却希望別人當聖人來看他。這樣來求榮譽最後一定是要得到恥辱。故曰：「成則必不得其所好，必遇其所惡焉」。「成」，就是「結果」的意思。

君子則完全與小人不同。他們必先自我信實，才敢希望別人信任他；必先自我忠實，才敢希望別人親愛他；自己以善修身，講明正道，言行有禮，明辨是非，才敢希望別人把自己當作好人。用這樣的方式手段求榮譽結果自然得到就是榮譽絕不會得到恥辱。故曰：「成則必得其所好，必不遇其所惡焉」。

(五)非相篇

人生在世，最難先定的恐怕就是吉凶、禍福、夭壽、貧富、貴賤、窮通……等等這些遭遇了。可是偏有些人都認爲是有「先定」的。這些先定的說法，可說是五花八門不一而足。其中之一就是荀子在本篇所「非」的「相」了。「相」，就是人的身體形象，當然特別是面部的形相。所以，以觀人面相以決定人未來吉凶等的行業至今不衰。

荀子是堅決反對這一套的。

荀子認爲用人的長相來判斷人最不可信，而且認爲用看人長相的方法來決定一個人的未來毫無根據。長相的美醜並不能決定一個人的人格美醜。荀子從歷史人物中舉出很多長相很醜的人却有很美的人品，有許多長相很美的人却有很醜的人格，同樣長相的却有美醜不同的人格。因此，荀子以爲「相形不如論心，論心不如擇術」。從長相來判斷一個人，不如從心志來判斷一個人；從心志來判斷一個人，不如從一個人的所學來判斷一個人。所以，一個人的未來是決定在他的所學上，不是決定在他的長相上。故曰：「形不勝心，心不勝術。術正而心善之，則形相雖惡而心術善，無害爲君子也；形相重善而心術惡，無害爲小人也。君子之謂吉，小人之謂凶」。

㈥非十二子篇

這是一篇研究先秦思想非常重要的文獻。因爲，這是荀子以當時人的資格批評當時人的思想，可謂最直接的。但也正因此，他也免不了他的時代偏見與信仰偏見。我們讀這篇文章時是應該非常小心的。

爲荀子所「非」的十二子，包括爲當時社會所稱道的賢士陳仲、史鰌；以兼愛、非攻爲主張的墨翟、宋銒；以尚法爲主張的法家之士愼到、田駢；以辯說爲尙近乎近代邏輯家的惠施、鄧析；最後還有以得到孔子道術之眞傳的子思、孟軻。孟軻被後人尊爲亞聖，子思則根本就是孔子的嫡孫、孟子的老師。

由他「非」的這些人物，我們就可知道他這篇文章的義理道路和氣勢了。

(七)仲尼篇

仲尼篇，顧名思義，本應該是直接敍述孔子的才是。其實，並非如此，全篇可以說是一個借題發揮。他乃是借此篇名討論其他問題。

他所討論的是王、霸之分別。

他與孟子一樣都反對五霸。孟子說：「仲尼之徒，無道桓、文之事者」。荀子說：「仲尼之門人，五尺之豎子，言羞稱五伯」。好像孔子眞地就根本否定五霸一樣。其實，並不盡如此。孔子確不喜歡五霸。五霸除齊桓公、晉文公之外，他全未提及。關於齊桓公與晉文公，他有一個很著名的評論就是「齊桓公正而不譎，晉文公譎而不正」。可見他對齊桓公還是相當推崇的。

至於對齊桓公的宰相管仲，他更是推崇，雖然他也批評過管仲「小器」，但是他也曾以「仁」許過管仲的，並且說：「桓公糾合諸侯，一匡天下，不以兵車，管仲之力也」。又說：「微管仲，吾其披髮左袵矣。」

但是到了孟子和荀子，都極力貶損管仲，賤視齊桓、晉文。這大概是因爲在春秋之世，孔子所能接受到的是齊桓公尊王攘夷的好影響。到了戰國之世，孟子、荀子所看到那些時君唯以詐力爲尙「爭地以戰，殺人盈野；爭城以戰，殺人盈城」的惡果，實在都是濫觴於齊文、晉文。所以，對五霸就不免深惡痛絕了。

五霸，尤其是齊桓公，以荀子看來，確也有他人所不可及的長處，不然何以能成其霸業？齊桓公有那些長處呢？

一、他一見到管仲就能很淸楚地看到管仲無論在才或德那一方都是可以託之以國家大事。這種知人善任的知慧就是天下最高級的知慧。

二、管仲曾幫助公子糾與齊桓公爭齊國。在一次戰役中管仲曾一箭射中了齊桓公的皮帶鉤子，幾乎把齊桓公射死。管仲實在是齊桓公的仇人，齊桓公實在也很怨管仲。但是，等到公子糾敗死之後，管仲被囚在魯國。齊桓公一方面把自己心中對管仲的怒怨完全拋到九霄雲外，一方面根本就不把管仲看作自己的仇人，連忙設法把管仲從魯國接回齊國來立爲宰相，並尊稱管仲爲「仲父」。仲父，就是今天語言中「管仲叔叔」的意思。這實在是天下最高級的決定，判斷！

他把這樣的一位管仲立爲「仲父」，而齊國原來的貴族無不心服口服，沒有一個敢嫉妬的；他把這樣的一位管仲立爲宰相，而齊國原來的大臣們也無不心服口服，沒有一個敢恨惡的；他給這樣的一位管仲以齊國最高的生活享受，而齊國原來的富人們也無不心服口服，沒有一個敢排拒的；他能使齊國全國上上、下下、老老、少少，沒有一個不很恭謹地跟著他一起敬尊管仲。這就是天下最高級的成就。

一個君主有這三者之一，就足以立國，何況齊桓公三者並有！所以齊桓的霸天下是理當應該而不是僥倖的。

可是，依與荀子說來，孔子門下的五尺童子都羞言五霸，這又是爲什麼呢？

一、他不以西周詩書禮樂刑政之政教爲根本原則。

二、他沒有崇高的道德理想。

三、他沒有一套嚴整的制度以治理國家。

四、他不以德服人之心。只能善用計略，善用民力，充實戰備，運用詐謀以使其敵人難於應付而取勝。

五、他用表面的謙讓，以掩飾內在於心的爭奪、傾軋；假借仁義之名義，來達到他自利的目的。

在荀子看來，像齊桓公這樣的人，只是「小人之雄」而已。

聖人之徒所稱美的是那些王者。

王者爲人爲政是什麼情形呢？

一、他們能招致賢能的人在他們的政府做事，但是對社會上一些不賢無能的人，他們又能以敎育的方式使其賢能。

二、他們能使自己的國家強盛，但是，對於弱小的國家他們能以寬厚的方式對待它們。

三、他們有足夠的能力戰勝敵人，但是他們以爲用武力與別人爭鬬是個人極羞恥的事。

四、他們治理天下，有條有理，全以禮義制度爲準。

在這樣天子的風敎化育之下，一些以殘暴爲能事的諸侯也都會自然而然地向化而歸於善。當然，遇到一些特別桀敖不馴的諸侯，他們會用兵加以征伐。但是這些事例是很少的。

這就是所謂王、霸的分別。

(八)儒效篇

顧其名，思其義，這一篇是講儒者，或儒家學術的功效的。但是，在先秦只講到一個「儒」字，乃主要指儒者而言，如果也講到儒家學術，那也只是「牽涉」到而已。可是，「儒者」之「名」乃是根據儒家學術之「實」而成立的，只講一個「儒」字自然就應該包括儒家學術在內。

我們現在借秦昭王告荀子「儒無益於人之國」一段來看看荀子對儒者在社會上功用的確定認識。當然，據一些人的考證荀子究竟有沒有去過秦國，有沒有見過秦昭王都是很有問題的。不過，這並不是一件很重要的事，古人寫文章常常是用一些假託的故事來作引子的。如果我們一定要在這假託的引子上認眞，大概我們的古書有百分之九十五以上都是應該被燒掉。

所以，我常常想，我們讀這些書的最好態度就是全把它們當寓言來看，故事眞假我們不必花心血去理會它，我們只要把其中的道理弄清就可以了。譬如烏龜兎子賽跑，那「故事」一定假的，一定是不可信的；可是，那故事中所包涵的成功失敗之「道理」却毫無疑問地是眞的，却毫無疑問地是值得我們相信的。所以，我們讀書只要把「道理」讀出來就可以了，「故事」之可信不可信，何必勞神苦思去管它呢！

秦昭王的問題，其實並不僅是秦昭王的，而是一個至今尙在的問題。荀子對這問題的回答，從結論上來說當然是肯定的，「儒」一定是有「效」於國家社會的；從方式上來說，「儒」之「效」，可有「窮」與「達」兩種不同。

首先荀子肯定儒者對社會國家一定有用。因爲儒者取法古聖先王的爲人爲政之道，尊崇社會生活與個人生活中的禮義軌範。而他既能夠謹守臣之以道使自己成爲一個合乎先代聖王之道的臣子，同時也能夠以禮義事君，使他所事的君主也能成爲一個合乎先代聖王之道的君主。國君能用他，他就在政府做一個稱合自己職務的官員；國君不能用他，他就能在社會上做一個謹愨誠實，守自己本分的老百姓。

所以，一個儒者即令在窮居凍餓的生活中，他也不會用不正常的方式向別人求取富貴。表面看來，他貧無立椎之地，事實上他有治理天下國家的智慧與方策；表面上看來，連一個理他的人也沒有，事實上他却有裁成天下萬事，爲天下萬民謀求福利的辦法與謀略。如果他來做君主，他就是文王、武王那樣的君主；如果他做臣下，他就是一個能爲國家社會負責任的社稷之臣，可以說是國君們定國安邦的大寶。但是，像這樣的儒者，即令他隱居在家鄉僻野、獨居在敝屋陋室之中，也是沒有那個人不尊重他的，因爲他代表「眞理」。雖然他未作官以主理政事把國家治理好，但是他能在社會上起極好感化作用使風俗淳美。所以，一個眞正的儒者，以荀子所說「在本朝則美政，在下位則美俗」。這不都是很大的「效」嗎？

「如果儒者作了國君又當如何呢」？這也是秦昭王的一個問題。荀子自也有他針對這一問題的看法。

一個眞正的儒者如果作了國君，他一定是「廣大」的。在他的內心中，一定有堅定的理想與做人做事的原則；在他所主掌的政府中，一定是有規矩制度的；他所任用的官員，一定都是依循一定的法則度量來做人做事的；而爲他治理的百官萬民，更一定都是能夠接受他的誠實、惠愛與福利的。要他做一件不該作的事，殺一個不該殺的人以有天下，他是絕對不幹的。他沒有別的長處，只是憑藉他做一個國君當該有的作法取信於他自己的臣民，並影響到其他國家，終至全天下人民都心悅誠服地響應他。

這是爲什麼緣故呢？

因爲他能做一個眞正是個國君的國君，他能用自己實際的德行使「國君」之名成爲一個爲天下人尊重的對象，使他自己成爲天下嚮往的對象。所以，自己國內的老百姓，都發自其內心之誠實來歌頌讚美他；其他國家的老百姓，不遠千里，不辭勞苦地而來到他這裏做他的臣民；他使四海之內和諧如一個家庭一樣，凡舟車所能通達到的地方，就沒有一個人不服順他的。像這樣的國君，不僅是一般人所謂的「人君」，而且也是「人師」。因爲，在他是眞理的化身。

眞正的儒者，爲人臣民能美政、美俗；爲人君主，又能做這樣的程度。怎麼可以說「儒」無益於天下呢？

荀子說到這裏，秦昭王自然是無言可對了。

(九)王制篇

說到「王制」，自然就是「王者之制」了。「王者之制」，可有泛稱和特稱兩種意義。自泛稱的意思來說，就是一般的政府制度。荀子此處的「王制」二字當然有這個意思，但絕對不僅於此。荀子這裏所用的這個「王」字，實係「聖王」二字的簡稱。「王制」即「聖王的制度」。進而言之，我們如果眞要很確定地，很恰當地了解荀子這「聖王的制度」，却又必須要從兩個不同的方式來用心，一是靜態的方式，一是動態的方式。自靜態的方式來說，那很簡單，「聖王的制度」就是聖王的制度；自動的方式來說，就不太簡單，依荀子之意，聖王不僅必須要通過政治才能實現出來，而且必須要通過有制度的政治才能實現出來。否則，聖既不能眞成爲聖，王也不能眞成爲王。因此，制度，不僅是王之所以爲王的必要條件，也是聖之所以爲聖的必要條件。

在這方面，我們實可看出儒家思想與其他各宗教不同之處，也可看出荀子與孟子不同之處。

道家，不論老子與莊子，或後來魏晉的淸談名士，他們自己彼此之間立論用心之重點容或有所不同，但有一個地方則是完全相同的，那就是他們都厭棄世俗的社會生活，雖然他們並不眞離開社會生活而生活。他們都以爲社會生活是沒有意義的、是非心靈的；只有心靈生活才是人生具有眞實意義的生活。這樣，他們自然便會視社會生活爲莊子所謂的「機括」。機括，就是機械、機器。人在其中全無自由，全無眞正的自己，一切都是隨著機器之運轉而運轉。因此，眞人、至人，都必擺脫這些往純心靈的地方尋找自己，安排自己，肯定自己。

佛家，在這方面，同道家一樣，也認爲世俗是不見道的。人要見道必須出家。出家，就是離開世俗。當然一定有人說佛家不是也很重視政府與政府領袖的嗎？他們不是常在他們的寺廟中供奉國家元首的長生祿位的嗎？這是事實，不能反對。但這並不能足以證明佛家能肯定人的社會生活與政治生活。他們供奉國家元首、政治領袖的長生祿位，我們雖不能很低俗而下流地解釋爲「拍馬屁」，但至少他們並不是把元首、領袖當作眞理之準則來看的。他們只是爲國家元首、政治領袖祈福，好作爲他們的護法工具而已。他們把他們的教與政府之間的關係劃分得十分清楚。就好像西遊記天宮中的玉皇大帝和西天靈山上的如來佛一樣。如來佛很尊重玉皇大帝，但是無論多尊重他是不能把玉皇大帝當眞理，講眞理必須到他那裏。所以，唐僧要到西天取經不到玉皇大帝處取經也。

基督教自耶穌傳教開始就把「天上的國」和「地上的國」分得清清楚楚。耶穌自稱：「我的國在天上不在地上。」所以「上帝的歸於上帝，該撒的歸於該撒。」後來，基督教分世界爲屬靈的與屬世的。屬靈的世界即所謂「天國」，屬世的世界即我們所過的社會生活、政治生活。屬靈的世界，即是屬眞理的世界；屬世的世界，卽是非眞理或反眞理的世界，是沒有什麼道理可說的世界。

很顯然，這些都有偏差。

正統的儒家從孔子開始，就認爲人生固然有心靈世界的眞理，眞理世界的心靈；但是這眞理世界的心靈與心靈世界的眞理並不僅不能與我們的社會生活、政治生活分而爲二，而且與社會生活、政治生活根本爲一。所以，眞俗並不能像其他宗教一樣可以分而爲二的；乃是眞中有俗，俗中有眞；既要從眞中見俗，也要從俗中見眞；能下學也要能下達，能上達也要能下學。所以，大學之道，便是要從格物、致知、誠意、正心講起，一直講到修身、齊家、治國、平天下方爲圓滿。此之所謂「內聖外王」之道。

孔子以後，孟子偏重於心靈價值之肯定，是一種道德的方式。他認爲「推赤心於天下」，「以不忍人之心行不忍人之政」便足以王天下。他也講政治措施、政治制度，但都是第二義的，次一級的。

荀子便不然。他是一種政治學的講法。他以「聖」由「王」見，「王」由「制」顯。不能在政治制度、社會制度上作一種妥善的安排便不足以稱爲一個「王者」；不能稱爲一個「王者」，便不能稱爲一個「聖者」。所他始終是一個政治制度、社會制度的心靈。在這一方面，孟子確乎有所不足，所以要罵孟子。而他這種政治制度、社會制度的心靈，就是他這篇「王制」的形上根據。至於他所講的內容自然是可以，也是應該散開來從政治、社會、經濟、教育各方面來看的。不過，在我們散開來讀他這「王制篇」的時候，却絕不能一刻離開他這制度的心靈之體會；不然，我們會把他這篇讀俗了，不見荀子之本意的。

(10)富國篇

荀子在本篇一個基本觀念便是「以政裕民」。用白話文來說，就是用政治以使人民富裕。除了近代的馬克斯主義之外，古今中外沒有一種政治思想不是以使人民富裕爲最高目標或中程目標的。人民富裕，國家自然就富裕了；天下沒有使人民貧窮而能使國家富裕的道理。所以，荀子這篇「富國」便以「裕民」爲基本觀念。

「裕民」是站在政府的立場上使人民具有財富；如果站在人民自己的立場上，則是「我」如何取得財富。「我」如何取得財富呢？自然是要儘量發揮「我」自己的聰明才知，運用「我」的社會環境與自然環境以取得「我」所要取得的財富。這應該是近代所謂「自由經濟」的最好解釋。

可是，從經濟史的觀點來看，近代所謂的自由經濟並不是從這樣一個簡單而富有「高尚」意思的發展中衍生出來的。乃是由十九世紀的工業革命後由海盜式的掠奪經濟和山大王式的壟斷經濟發展而來的。因此，說到「自由經濟」便不可避免會使人聯想到由「掠奪」和「壟斷」所產生出來的那種窮髮難數的罪惡事實。馬克斯一眼便看到這一點。就這一點來說，他看得很對，任何人都不能否認。所以，自馬克斯主義的立場來說，自由經濟是代表「罪惡」的。所以，他的信徒無不反對自由經濟而主張極端的計畫經濟。

這一點他們便錯了。

「掠奪」和「壟斷」絕對代表罪惡，但是「自由」並不代表罪惡。自由不僅不代表罪惡，而且它還是人類創造力的根源，沒有它固然人間社會中那些掠奪和壟斷的罪惡可以沒有了，但是人間社會中一切有價值的東西也便會跟著沒有了，財富自然也是沒有了。所以，馬克斯主義否定掠奪與壟斷是對的，否定自由則是不對的。因為，否定自由，便是否定一切；否定一切，跟著也是否定了自己。這個道理並不玄，尤其是在近代世界歷史之發展過程中，鐵樣的事實清清楚楚擺在我們眼前的，我們怎能不承認？

在荀子時代，並沒有自由經濟與絕對計畫的毛病。但是，一個眞正的知者，不必等到事情發生了，苦頭吃過了，才恍然大悟，他可以先見於事理之未然。此卽古人所謂「知者見於機先」的意思。

荀子在「富國篇」中所表現的經濟思想，便是不偏於極端自由經濟，也不偏於極端計畫經濟的儒家式國家社會主義經濟。在這方面，他上承孔、孟，下啓由鹽鐵論所代表的支配漢代四百年的經濟思想。與廿世紀以來漸漸形成英、美式的自由經濟思想，在方向上，大致是相同的。

現在讓我們用意譯的方式從他兩段文字中來看看他的經濟思想。

「富國」的方法，乃在於政府節省不必要的開支以使人民富裕，並妥善地儲存餘財。政府節省用度，並不是像墨子所說只以節省爲節省，而是要在一定的制度中節省；使人民富裕，並不是完全放任人民一味地去謀取財富，而是要政府用適當的行政來加以調節。須知人民富裕，政府才能富裕。政府用行政的方式使人民富裕，人民就能富裕；人民富裕，自然就會把田地耕種好；田地能耕種好，自然收成就好。人民的田地收成好，上則政府以合法的方式徵收賦稅，下則人民在一定的禮制中節省用度。這樣，政府與民的節餘自然就多了。甚至可多到燒也燒不完，根本無處儲藏的程度。所以，一個做君主的不怕不富足，只要節用裕民便可富足。如果不節用裕民，則人民一定貧窮；人民貧窮，則田地一定荒廢；田地荒廢，收成一定不好；收成不好，那麼政府無論多會向人民強取豪奪，也取奪不了多少。人民不富裕，政府那能富裕呢？

但是政府如何裕民以政呢？

在荀子看來，這是有一定的規矩的。

首先天子要計量土地的大小以立諸侯；諸侯則計算地之所利來養育人民。依照人民的知力和體力來交給人民一定的任務；使人民的體力知力足以成就他的事情。這樣事情就能成功；能成功，就有利；有利就足以使人過充裕的生活，使人民衣食與其他日常生活中的用度都能出入相數；進一步，則使家家都有餘財。田賦以「輕」爲原則，關稅以平和爲原則，商人的數目與利潤應減低至最低程度，政府不隨便征用民力；如果一定要動用民力做事，也不能在農忙的時節爲之。這樣，國家就一定能富裕。但這國家的富裕，乃是因於人民的富裕；人民的富裕，乃是因於政府的行政得當。這就叫做「以政裕民」。這是典型的儒家經濟思想。

㈡王霸篇

王、霸的分別，荀子在仲尼篇中已經說過了。在這裏，他又鄭重地提出這個問題，當然有其特殊意義。

現在讓我們簡略地看看他這意義。

在現在的政治學中講到國家之要素時，都說有三：一曰土地，二曰人民，三曰主權。這是絕無問題的。但是這所謂三要素只是說到一個國家之所以成爲一個一般國家的必要條件而已，究竟要成爲怎麼樣一個國家，我們並不能從這三要素中看得出來。那也就是說，這所謂三要素對要成爲一個怎麼樣的國家完全不具有決定性的作用。

這個決定性之所在乃於「人」，乃在於荀子在本篇所謂的「用國者」。「用國者」，就是「人主」。

荀子在本篇一開頭便說：「國者，天下之利用也；人主者，天下之利勢也」。

這卽說明，「國家」是天下一個最有用的工具；而「國君」是天下一個最能使「國家」之「用」見諸實施的人，因他操有天下最高的權「勢」。正因爲他操的權勢很大，所以，如果他能持之以「道」，他便能使全天下和他自己都享受到安定與光榮，可以使一切的榮譽和光彩都歸積在他身上；如果他不持之以「道」，國家對於他便是一個絕大的累贅，絕大的危險，作國君便不如作一個平民；甚至，在災難到來的時候，想求爲一個平民還不能哩！歷史上這種例子多的很，可謂不勝枚舉。

依荀子之意，國君可分爲三種。那就是：

> 義立而王，信立而霸，權謀立而亡。

「立」，是立己，也是立國。這三句話，用白話文說來，那就是一個國君如果用「義」立己、立國，就能王天下；用信實立己、立國，就能霸天下；用權謀，立己、立國，就非「亡」不可。

在這裏，我們必須注意用在此處的「信」和「義」兩個字的差別，因爲它們的差別就是王、霸的差別。在平常，這兩字是沒有差別的，所以我們常「信義」聯用。但在這裏，它們是有分別的；不僅在這裏有分別，在其他地方，如論語中，也有分別。

通常我們說到「信」字時，就表示我們言出必行，行出必成。這樣，自一般的立場來看自然是很高級的道德了。可是，從聖人的心目來看，也就是從眞正的道德立場來看，這種「必」是很不夠水準的，至少說是次一級的。因爲「君子言不必信，行不必果」。言必信，行必果，只是「小信硜硜」。小信硜硜，不能算是眞道德。因爲，世事變遷瞬息千萬，言必信，行必果有時不僅不能成就道德，反適足成就不道德。所以論語說：

> 君子之於天下也，無適也，無莫也；義之與比。

「天下」，就是天下事。「君子」，乃指具有眞實之道德的智慧與智慧的道德之人格的人。「無適也，無莫也」，自然有其訓詁上本來的意思，但引申來說，就是言不必信，行不必果的意思。這樣說來，我們應怎樣安排我們的言行呢？孔子在這裏提出一個原則就是「義之與比」。

「義之與比」，就是以「義」爲原則。

什麼叫做「義」？

義，在這裏，其實就是我們主觀上的「當該」加上客觀上的「當該」，合之而成的既有主觀的妥當性又有客觀的妥當性的既主觀又客觀的「當該」。好像物理學中的「合力」一樣。有些人只看他主觀當該怎樣他便怎樣，便是「小信硜硜」；有些人只看客觀當該怎樣他便怎樣，便是孔子、孟子皆斥之爲「德之賊也」的「鄉愿」。道德當然是一種「當該」，但眞正的道德必須兼有主觀與客觀妥當性的「當該」，不能偏於任一方面。當然，這是極難能的，也是極高貴的。

明乎此，我們就知荀子這裏「義立而王，信立而霸」的眞正意義了。

其次，我們應再看看這裏「王」、「亡」二字的眞正涵義。

「王」，在我們的國文課本的注解中應讀爲去聲「ㄨㄤ」的。這一個讀去聲的「王」字，通常以「旺」來解釋。所謂「旺」，就是一切興旺。「一切興旺」是句俗說，如果用典雅一點的話來說，就是萬事萬物都能得到正常的發展，正常的完成；都能夠「是」其所是，沒有不正常的遷曲與歪邪。故君主的就「是一」一個君主；做臣民的就「是」一個臣民；做父母的就「是」一個父母；做子女的就「是」一個子女；做丈夫的就「是」一個丈夫；做妻子的就「是」一個妻子；做兄弟的就「是」一個兄弟；做朋友的就「是」一個朋友；義就「是」義；忠就「是」忠；孝就「是」孝；悌就「是」悌；愛就「是」愛；信就「是」信。一切無過也無不及。雖然，在現實上每一事每一物並不一定都能夠到這種完美的程度，但每一事每一物都不能不以這完美的程度爲理想。這就是所謂的「王」。

「亡」則正好反於是。不僅每一事每一物做不到這種美好的程度，並且根本不以這美好的程度爲理想，完全背其道而行。終必至於整個社會之全部毀滅。這就是所謂「亡」。這些人，並不是沒有聰明，而是很聰明。但這種聰明在英語中卽所謂 clever ，而不是 wise 。 wise 是智慧， clever 是聰明，伶俐。蘇秦、張儀、韓非、李斯，與近代的希特拉、斯大林、季辛吉、尼克森之流都是十分聰明、伶俐的。可是，整個世界人類也正是在他們這聰明、伶俐牽引下一步步走向毀滅。至於，在他們「權謀」的運用下，眞理不見，是非不明，男女老幼不得其死，父子夫妻兄弟離散，那就更不在話下了。所以，我們對於荀子這裏使用的這一個「亡」字實應好好的體會！

㈢君道篇

「君道」，就是做一個國家元首或政治領袖的道理。不管是在古時的君主政治的政體中，或近代民主政治的政體中，國家元首，政治領袖所思所想，所言所行，所作所爲，對整個國家與國家中的每一個人都具有同等之重要性的。司馬遷說「天下重器，王者大統」。爲什麼是「重」、「大」呢？就是因爲他們影響太大。大到甚至有時可以說是絕對的。故曰：「君者，民之原也」。至於荀子說：「原清則流清，原濁則流濁」，那就不一定了。

當天下要靡爛的時候，一個君主的善良，並不能挽狂瀾於既倒。漢獻帝、明思宗，論其爲人，都不能算是亡國之君，他們的國家都亡了。可是，當天下老百姓一個個都兢兢業業，克勤克儉，一心一意要往好處做的時候，政府決策一不當便可使全天下歸於靡爛。周幽王、隋煬帝、唐玄宗都是這種典型。所以，以個人看來，像「國君」這樣的人，成事則有時不足，敗事則一定有餘。古今中外，這事例不知有多少！

既然國君對天下生民的影響這麼大，我們當如何安排他只做好事不做壞事呢？

老實說，在民主政治的政體中有安排，在君主政治的政體中，就沒有安排。在民主政治的政體中，這安排就是憲法和法律。所以，有人說民主政治就是法治政治。憲法與法律給國家元首、政治領袖乃至各級政府負責人種種限制，使他不能越其分際。當然，這些政治負責人，他們也可以像普通老百姓一樣找法律的漏洞鑽。但是，那畢竟是非法的！既是非法的，便有被法律制裁的可能性。

在君主政治的政體中，君主本身就是憲法，就是法律，他可以不受任何限制，愛怎麼做便怎麼做，任何人都拿他沒辦法。黑格爾說東方世界（即我們中國）除了君主一個人之外沒有一個人是自由的；就這一人的自由也不是 free 而是 arbitrtrary 便是這個意思。arbitrary 只是隨意而不是自由。隋煬帝楊廣固然是 arbitrary，唐太宗李世民也同樣是 arbitrary。在這種君主的 arbitrary 的隨意下，人民完全是一個被動性，只有君主一人是個主動性。

這樣一個主動性，自然應加以限制。

既無法律以限制他，用什麼東西來限制他呢？

這在我國古代，從法家的立場來說，他們正要借助於君主這「隨意」，故絕不願加以限制；就道家的立場來說，就是要他「無為」；就儒家的立場來說，除了也要他「無爲」之外，還要他「道德」。但是「無爲」與「道德」，都是要靠自我約束的，「我」願無爲，「我」就可以無爲；「我」不願無爲，我就可以不無爲；「我」願道德，「我」就可以道德；「我」不願道德，「我」就可以不道德。「我」之「願」或「不願」，最後還是一個 arbitrary。這就是我國道家的道化政治，儒家的德化政治兩千多年來始終沒有把我國的政治引上政治常軌的根本原因所在。

在這裏，荀子雖也是儒家也主德化政治但他稍不同於由孟子而降的傳統儒家者，乃在於他重視「禮」，重視以禮之「法之大分，類之綱紀」以限制君主。在他的心目中，自庶人以至於天子，無一人不在這「禮」的限制中。「禮」雖不如近代民主政治政體中憲法或法律的客觀性，但畢竟也是一種「定分」與「綱紀」。在這種定分與綱紀的限制下，君主 arbitrary 的程度自然會減少。當然，這也不是荀子的發明，他乃是上承孔子與西周的。因此，他所謂的「君道」沒有別的，就是「隆禮至法」以使「國有常」而已。

使「國有常」，那是一件何等不簡單而困難的事。正因爲如此，它才是民族共營集體生活之大事。

當然，正像我們前面所說，不管在任何政體之中，國君都是全國最重要的人因為他的決定效力最大。國君之如何決定，又決定於國君本人之人格。所以，國君如何做一個人與他如何做一個國君，依荀子，都是「君道」。

三臣道篇

為君有為君之道，為臣自然也有為臣之道。

依荀子之意，臣，有態臣、簒臣、功臣、聖臣四種。

什麼叫做「態臣」呢？對內，他不能使全國的國民一心一德；對外，他不能抵禦外侮。人民不親敬他，外國不信任他。但是，他能巧言機變，最能取得君主的寵信。這就是「態臣」。

什麼叫做「簒臣」呢？對上，他實在不忠心於君主；對下，他最能討好人民，得到人民的稱美。他可以完全不管道義是非，只濫交小人邪僻來包圍君主以達到他自私自利的目的。這就叫做「簒臣」。

什麼叫做「功臣」呢？對內，他能使全國人民一心一德；對外，他能抵禦外侮。人民親附他，官吏信任他。對上，他能忠於君主；對下，他能以一顆永不厭倦的心惠愛人民。這就是「功臣」。

什麼叫做「聖臣」呢？對上，他能以道事君，以道尊君；對下，他能以道愛民，以道惠民。平常時期，人民順從他的政令敎化，如影隨形一般；遇有急難，他的任何臨時措施，人民也都能毫無疑問地響應。他制定法度能因時、因地、因人而制其宜，不拘泥於一偏，因此大小政事他都能有原則可守，這就叫「聖臣」。

一個國君，以荀子看來，「用聖臣者，王；用功臣者，強；用篡臣者，危；用態臣者，亡。」而且，這都是必然的。故荀子又曰：「態臣用，則必死；篡臣用，則必危；功臣用，則必榮；聖臣用，則必尊」。

從歷史上看來，那些人是聖臣、功臣、篡臣、態臣呢？

在荀子看來，秦國張儀、齊國蘇秦，就是態臣；齊國孟嘗君，就是篡臣；齊國管仲、楚國的孫叔敖，就是功臣；商的伊尹、周的太公，就是聖臣。

通常說來，臣事君是要「忠」的，在荀子看來「忠臣」也有好幾等。

「大忠」之臣，不僅自己能以道德人格輔佐君主，而且還能使君主成就他自己的道德人格。周公對於成王就是如此。

「次忠」之臣，能以道德的原則安排君主的爲人行事，補救君主的過失。管仲對齊桓公就是如此。

「下忠」之臣，不怕君主的威嚴，敢於犯顏直諫。伍子胥對吳王夫差就是如此。

「國賊」之臣，表面上是忠，其實最不忠的。這些人臣根本不關心君主榮辱，不關心國家政治的好壞，只知道奉承國君討國君歡心以升官發財交結朋黨而已。吳王的伯嚭便是如此。

㈣致士篇

「士」，就是荀子常說的「士君子」，故也可稱爲「君子」。「君子」古人解爲「成德之人」，就是有道德成就的人。荀子以爲，一個國家，從自然的條件看必須要有土地和人民。因爲沒有土地，人民自然不能安居；沒有人民，土地也是不能守得住的。這樣，是不是只要有土地就可以有人民了嗎？不然！僅有土地並不足以招徠人民；招徠人民必須有良好的政治制度，所以「無道法則人不至」。有良好的政治制度，就一定能招徠人民了嗎？並不一定，良好的政治制度必須見諸有效的實施才能生招徠人民之效。良好的政治制度，靠什麼才能得到有效的實施呢？就是

「君子」，也就是所謂「士」。所以，一個國君要把國家治好就必要「致士」。因爲，土地、人民和㫜好的政治制度，是一個國家所以成一個國家的必要條件，並不是充足條件。而且，㫜好的政治制度，本身並不能實現其自己；它的實現乃是要靠有學識有道德的士君子，否則它便不能實現。故曰：「君子也者，道法總要也；不可少頃曠也；得之則治，失之則亂；得之則安，失之則危；得之則存，失之則亡」。由此看來，士君子既是治理天下國家充足條件也是必要條件。故曰：「有㫜法而亂者有之矣，有君子而亂者，自古及今，未嘗聞也」。古人所謂「治生乎君子，亂生乎小人」就是這個道理。

每一個君主都想用君子而不想用小人，可是就有許多君主就偏偏用了小人，這問題出在什麼地方呢？

以荀子看來，這問題就出在君主們自己身上。一般國君們最大的毛病不在他們不講要起用君子賢人，而在他們不誠心起用君子賢人。他們嘴巴講出的話口口聲聲都要用君子賢人的，可是他們由內心而發出來的實際行爲却是拒絕君子賢人的。言行不僅不一致而且相反。如此而想要君子賢人都來，小人惡人都遠去，那是根本不可能的事。

所以，一個君主如果想要使君子賢人都來到他的政府中做事以治理天下國家，基本的條件就是自己言行合一，自己先是一個君子賢人。故曰：「今人主有能明其德，則天下歸之」。

㈤議兵篇

在先秦諸子之中，除了兵家之外，用堂堂正正的題目來討論到用兵的恐怕只有荀子了。

荀子在本篇中借著與臨武君論兵於趙孝成王之前爲題目來討論用兵之道。臨武君不知是何許人也，大概是個假託的人物。在本篇中荀子只把他拿來代表一般軍人，或者說是職業軍人對「用兵」的看法，荀子則自代表政治家甚至道德型的政治家對「用兵」的看法。

首先討論到所謂「兵要」的問題。兵要，就是用兵的要領，亦即是打勝仗之要訣的問題。在職業軍人型的臨武君看來，這很簡單，那就是要上得天時，下得地利，洞悉敵人的變動。在敵人已經出發之後再出發，要敵人負起挑起戰爭的責任，要敵人把自己的優劣表示出來；並在敵人還沒有到達戰場的時候先到達，以佔地利。這樣自然就能取勝了。

荀子並不以爲然。荀子以爲用兵之道，最重要的就是附民。附民，就是親附人民；與人民親附，就是國家和諧的象徵。所以，自己國家的和諧才是用兵取勝的根本。像臨武君的用兵之道只是「權謀勢利」、「攻奪變詐」而已，乃是當時一般諸侯殘賊人民且自取滅亡的用兵之道，不是仁人、王者的用兵之道。

從這一辯論開始，荀子必然的結果就是用兵一定要以仁義道德爲根本了。

這看起來似乎形成了一個自我矛盾。

這是一個很簡單的矛盾，既要用兵就不能講仁義道德，既要講仁義道德就不能講用兵。既講用兵，又要講仁義道德，這不是一件自打嘴巴的事嗎？

議兵篇便借着荀子的一個弟子陳囂一問而顯出來了。

陳囂問道：「老師議兵，總是說以仁義爲本。仁就是愛人，義就是一切事依理而作，這樣還要用兵做什麼？因爲，凡是用兵都是爲了要爭奪的，這是根本與仁義之道相違背的。既要用兵，又要仁義；既要仁義，又要用兵：這樣不是自相矛盾嗎」？

這樣的問題自然難不著荀子。

荀子以爲，仁者愛人是不錯的，正因爲仁者愛人，所以仁者也厭惡一般窮兵黷武的人殘賊人民。義就是一切依理而作也是不錯的，也正因爲如此，義者也厭惡一般窮兵黷武的人以用兵擾亂天下。仁義之人不是不用兵，而是只用兵來禁止窮兵黷武之人，以爲民除害，其目的並不在於爭奪。像古時的聖王如堯、舜、禹、湯、文王、武王，他們也都不是不用兵的。不過他們用兵都是以仁義之兵行之天下。本國的人民因他們的善行而親附他們，敵國的人民也因他們的德化而仰慕他們。所以，他們打仗，可以兵不血刃而使遠近的人都自來服從。這便是最高級的用兵之道。

可是，荀子另外一個有名的學生又提出了相反的意見。

李斯以秦爲例說：「秦國四世用兵，只有勝利而沒有失敗，所以他們威行於海內，兵強於諸侯。他們用兵既不以仁義爲原則，也不以仁義爲號召：他們只是以戰爭爲戰爭，以勝利爲勝利，隨機應變，只看當時的『方便』而已」。

這樣的問題自然也難不著荀子。

荀子以爲像秦國這種隨機應變的「方便」其實只是一種不方便的方便；仁義才

是眞正方便的方便。怎麼說的呢？仁義的目的，在於使政治修明。政治修明，則人民一定親附他們的長上，愛敬他們的君主。這樣，人民就會不惜自己的生命以爲其長上、君主效力。所以，在用兵之道方面，以將帥攻城野戰而取勝，乃是「末事」；以仁義親附人民百姓，乃是「本統」。像秦國雖然四世用兵皆勝，但他就是怕天下諸侯聯合起來對付他。這就是沒有「本統」的「末事」之兵。戰爭的取勝並不是只在戰時或戰場上而是在平時在自己國內。自己平時在國內以仁義之道親附人民百姓，這就叫做「仁義之兵」，這就是用兵的「本統」。「本統」，就是根本的大原則；「末事」，就是細末小節。天下用兵，只講求細末小節，不講求根本的大原則，就是天下大亂的根本原因。

荀子這些議論，看起來似是很迂濶，其實是很實際的。不因爲別的，只因爲他是「本統」。無論做什麼事，作爲根本大原則的「本統」都是不可失的；無論做什麼事，都是不能僅注意細末小節的。天下事皆如此，用兵何能例外？

㈥強國篇

強國篇，雖然名之曰「強國」，其實乃是強政府，使政府強而有力。政府強而有力，是一件很好的事，因爲政府是主理人羣集體生活共同事務的所在。它強而有力，自然做起事來就方便，就容易成功。可是，這只是一種理性的理想方式，許多人要強國並不是爲的這個目的，乃是想藉著一個強有力的政府以滿足個人非理性的自私欲望。這樣便不行了。強國的目的不同，強國的方式便也有不同。依荀子看，這方式有三種：

一、道德的方式。這基本的作法便是做君主的修明禮樂教化，講明包括君主在內的每個人的自我的本分與在集體生活中的當該，在最恰當的時候征用民力，使自己對人民的愛心實現在人民的日常生活中。這樣，人民自然對他會像上帝一樣地尊重，把他看得像天一樣的高貴，把他像父母一樣來親近，把他像神明一樣來敬畏。在如此的情形下，他不必用獎勵的辦法，人民就會自動自發地勉力向上；他不必用懲罰的辦法，人民就會自動自發地不墮落。這樣的政府，自然就眞地強而有力了。

二、暴察的方式。「暴」，是殘暴；「察」，是苛察。如果一個政府只殘暴而不苛察，它的殘暴罪惡是有限的；如果一個政府只苛察而不殘暴，它的苛察罪惡也是有限的。二者加到一起，事情就壞了。這樣的方式，即是既不修明禮樂教化，也不講明分際義理，不分季節濫征民力，它對人民旣無所謂愛心、更也無所謂實現愛心。可是，它能用極苛察的方式禁止暴亂，能用極詳盡的方式誅戮不服從它的人。它的刑罰嚴刻而毫無寬貸，他的誅戮猛烈且一定而不移。再說，它這些刑罰、誅戮都是說來就來，像雷霆一樣，像牆倒一樣。這樣，人民如果擺脫不了他這威刼，只是畏怕它而已；人民如果擺脫了它這威刼，心中是根本瞧不起它的。它只能用牢獄來團聚人民；人民一旦擺脫了它，便一定都逃散了。敵人若看中它這弱點，一定可以把它打垮。如果它不用誅戮、強迫的方式，就根本保不住天下。這也是一種強而有力的方式，不過這種強而有力其實是很脆弱的。

三、狂妄的方式。這種政府，旣沒有愛護人民的心，也沒有增進人民福利的政事，反而每天想法子攪亂人民的生活，使人民不能安定。有人不服從它，它就把這些人捉起未，用種種殘酷的刑罰加在人民身上，完全不知道和諧人心，使人民心服是怎樣一回事。這樣，人民和他的臣下一定是相偕逃亡離開它而走避他方。它實在隨時可以滅亡。這種狂妄的強而有力，其實就是自取滅亡的必然道路。

荀子這種論強國之道，也許也不免於遭近代人笑之曰迂。不過，我們想，這除了能證明近代人的淺薄無知之外，其他並不能證明些什麼。近代人，不管在其個體生活或集體生活中，不管處理個人生活之事情或處理集體生活之共同事務，大多斥道德原則爲迂濶、迂腐，不切實際而無用。但是，什麼叫做實際？什麼叫做有用？誰能眞囘答這樣的問題？

㈦正論篇

正論篇其實就是政論篇。

我們前面已說，荀子比孟子有政治頭腦，所以他能承繼孔子「外王」之道；孟子則比荀子富有道德頭腦，所以他能承繼孔子「內聖」之道。這樣說來好像是「內聖」和「外王」之道是可以分開而論似的。其實不然，無「內聖」則不足以言「外王」；無「外王」亦不足以言「內聖」。「內聖外王」之道必貫之而爲一。孔子是如此，孔子繼承的西周乃至我國自尚書傳下來的學術大體是如此，繼承孔子的孟子、荀子也都是如此。不過，孟子、荀子稍有偏重而已。宋明儒學家大都只能言「內聖」之道而不能言「外王」之道，但他們也未否定「外王」之道。到了明朝亡國，遺老顧炎武、黃宗羲、王船山乃重視「外王」之道。

「外王」的問題，就是政治的問題。政治是一個民族共謀其集體生活的綱維力量。當然，正像我們反複地所說，荀子比較孟子重視政治問題。所以在荀子各篇之中，實在少有不牽涉政治問題的。就在我們前面所敍述的各篇中已經不少了。可是，這一篇和其他各篇有什麼不同呢？

那便是政權嬗遞的問題。

這是政治最根本的問題。在我國歷史上出毛病最多的問題。在我國前代的政權嬗遞方式有許多種，有禪讓、有革命、有篡奪、有傳弟、有傳子。禪讓，是最爲古人稱道的一種方式，但是這太沒準了，完全要靠偶然的遇合，不能有個體系。歷史上說湯、武革命順乎天而應乎人，但革命本身就是一個搶奪的方式。因此不管多麼順乎天而應乎人，總是以不革命爲好。因爲在民族集體生活中不能常革命。革命，無論怎樣都只能是一個變數不能是一個常數。「順乎天而應乎人」似是把革命這一變數正常化了，但並未眞正的「化」，它畢竟還是一個變數。傳弟也好，傳子也好，基本上好像是把政權的傳遞系統化了，傳子當然比傳弟更系統化。但是，這系統化太不理性，它基本上乃是依附在一個血統的系統上的。這便是沒有道理的。憑什麼你這個血統中的人可以做皇帝我這個血統中的人就不能做皇帝呢？這樣，篡奪便產生了。篡奪當然不好，但是對那只在血統中傳遞的政權來說，也沒有什麼先天的不應該。我想做皇帝，他不給我，我當然要篡奪！這樣，篡奪就好嗎？當然也不好。

究竟什麼方式好？

老實說，我國過去政治的嬗遞方式沒有一個是好的。前代儒者，包括西周人、孔、孟、荀下及宋明儒者與顧、黃、王在這地方都沒辦法。儒者沒辦法，其他各家更無辦法！

這是政治最核心的問題。我們偏就在這個地方沒辦法！

荀子在本篇當然沒有能解決這個問題，但是他提到了這個問題。在提到這個問題的時候，當然他也有他的辦法，不過他的辦法統不算數，只能使我們看到他也是處在這問題的根本困惑之中罷了。

這問題，實在說來，一定要民主政治之建立才能解決，而且只能有這一個方式不能有其他方式。這便是民主政治可貴的地方。因爲它解決了政權嬗遞的根本問題。

一說到民主政治，大家都會想到國家政權屬全國人民主宰的政治方式。原則上，這不能算錯，但是要看是怎樣來主宰。是不是大家都坐到金鑾寶殿上稱孤道寡呢？果如此，那便完了。其結果必定暴民政治或亂民政治。不管暴民政治或亂民政治，不僅都不能算是政治而且根本是政治的否定！輪流坐行不行？也不行。全國那麼多人，怎麼輪法？

這些辦法之所以都不行，就是因爲都太「質實」，太「直接」，都不能成爲一個「辦法」。質實，必然的結果就是滯呆。民族集體生活只成就了一個必然的滯呆，便是這個民族自趨毀滅。不待外力來毀滅，而自己必自歸於毀滅。

全民主宰國家政權，不能是前面那種質實、直接而滯呆必歸自我毀滅的方式，必須是一種虛靈而間接的方式。什麼是虛靈而間接的方式呢？就是通過「憲法」的方式。「憲法」乃是從外語constitution翻譯過來的名詞，即「構成法」的意思。憲法代表一套虛的概念，全國人民通過憲法主宰國家政權，也通過憲法與由憲法衍生出的法律間接互相照面。莊子說：「人相忘於道術」。就民主政治來說則是「人相忘於憲法、法律」。在憲與法律的規定下，每人的在其個體生活中，各守其本分；在民族集體生活中，各依其當該的軌道以安排自己的行爲。在憲法與法律的規定下，每個人的權利、義務，清晰分明。

這本是荀子「義理之統」的學問當該達到的理境，但是他並未達到。這樣便使他這「義理之統」的學問，在國家政治方面，落入第二序列之中，不能觸及第一序列的政權嬗遞問題。這雖是荀子學問的缺憾，但我們不能怪荀子。他在那個時代能提「禮者，法之大分而類之綱紀也」這句話，已經是很了不起了。我們不能凡事都交給古人去做，須知西洋的民主政治也是在最近二百年間才漸漸發展出來的。在歷史的發展中，二百年算不了什麼。如果我們能夠跟著荀子的用心方式，參考西洋民主政治的發展，好好地考慮一下這一問題應有的內涵與解決方式，從荀子的困惑中把我們的民族思路解放出來，在憲法民主的建國工作上好好努力，完成我們的歷史使命，我們就可以了然無愧地上對無數代列祖列宗，下對無數代的子子孫孫了。

這是我們令天讀荀子所必須考慮到的問題，否則我們不僅上對不起祖宗下對不起子孫，也對不起荀子。

㈥禮論篇

荀子禮論篇的觀念，是直接從西周禮樂教化中的「禮」而來的。因此，如果要想對荀子所說的「禮」有一個相應的了解，我們就必須先了解西周時代禮教的眞實意義。

提起禮，近代人無不頭疼；不僅無不頭疼，而且無人不深惡痛絕。這種對禮的感覺，就像小孩子怕鬼一樣，既是眞實的，也是很普遍的。而且，它們的產生也幾幾乎乎是同一模式的。小孩子怕鬼，是因爲聽了大人們的鬼話；近代人厭惡痛恨禮，也是因爲聽了一些人關於禮的鬼話。凡鬼話都是假的；可是，任何假話，當你把它當眞時，它就成眞的了，它就在你的現實生活中起眞作用。

關於禮的鬼話是什麼呢？

那就是所謂的「吃人的禮教」。

當然還有「打倒舊禮教」那句口號。不過那句口號，是以「吃人的禮教」爲基礎的。禮教若不吃人，我們就不必打倒它了；正因爲它要吃人，我們才要打倒它。所以，這兩句話實是一句話，它吃人是因，要打倒它是果。

禮教眞地是如此可惡嗎？

眞正的答案是「絕非如此」！

這句鬼話之所以爲鬼話，即在於它根本是一個假相。

禮教發展到淸代，確乎有吃人的嫌疑，而且有時也有吃人的事實。但是這種爲清代人發展而成的禮敎，就思想史的立場來說，乃是禮敎之病態，而不是禮敎之常態。現在我們所要講，就是這種病態的禮敎也不是完全吃人的，它實也能活人，而且是「活人無數」！它活的人要比它吃的人多得多！

講這種鬼話的人，不是不用大腦便是別具用心。

由今日看來，此兩者實兼而有之。

他們用這句鬼話來涵蓋清代的病態禮敎，已屬不知；進而涵蓋清代以前如宋代人的禮敎，孔子的禮敎，甚至西周人的禮敎，不唯不知，而且不仁。「仁者見之謂之仁，知者見之謂之知」。不仁不知者見之，自然全都是不仁不知的東西了。所以，我們說「吃人的禮敎」那句話只是一個無根的鬼話，不見眞實的假相。

現在的問題是，這種假相與鬼話在眞實的禮敎中有沒有眞實的根據？

有。

不唯有，而是眞實地有。

原來，禮就好像我們今日街上十字路口的紅綠燈一樣，其目的就是在藉着一種客觀的秩序來協調人羣的共同生活。就紅綠燈來說，如果世界上只有一個人一部車，它就沒有設置的必要。我們之所以必要設置紅綠燈，就是因爲世界上不止一個人一部車，實有許多人許多車。這許多人許多車各有各的行駛方向，大家交會在十字路口。在這十字路口上，這衆多的方向便要形成衝突了。衝突的結果，便是大家永遠堵在那裏誰都不能行駛，誰都不能達到自己的目的。在這種情形下，我們便在十字路口處設置了紅綠燈。其目的，便是協調這些具有不同方向的衆多行人與車輛，使之都能達到各自的目的。我們知道，紅燈代表停止，綠燈代表通行。在十字路口中的每一行人與車輛，都是要通行的，都是以通行爲目的的。所以，就行人車輛講，欲達到在綠燈來時通行的目的，必須服從紅燈停止的指示。我們不能把紅燈的停止只當作停止，須知這停止是在成全我們的通行。就紅綠燈來說，設置紅燈示人停止是達到在綠燈時使行人車輛達到通行目的之手段。因此，在紅綠燈的調配方面，我們應儘量避免不必要的紅燈時間以使道路通暢。

禮也是如此。禮有限制人的意義，也有成全人的意義。清代的病態禮敎，就好像十字路口紅燈時間太長綠燈時間太短調配不當一樣，成全人的意義太少，限制人的意義太多，故成了「吃人的禮敎。」

然而，西周人的禮敎，乃至任何時期眞正的禮敎，都不如此。

禮，表示一種秩序。如以秩序的眼光來看禮，它就不僅是一種敎，而是宇宙人生中萬物、萬事之所以爲萬物、萬事的基本原則之一。大學說：「物有本末，事有終始」，便是這個意思。自靜態來說，每一物都有每一物內在的秩序；自動態來說，每一事也都有每一事內在的秩序。離開它，物必崩解，事必幻滅。因此，這裏「內在」兩個字，除了表示它是內在於各該事物之內而不是外加於各該事物之上的意義外，它還有無之不然的必然意義和非出人工做作的自然意義。

這些，只要稍留意一下，就不難從我們環境中諸事物與我們自身上看得出來。天地萬物的構成與運作，那一物那一事不是憑藉其內在的秩序而生起的？再說這一物一事固然都各有其內在的秩序，但總起來，又何嘗不是一個大秩序！人生存、生活於天地之間，固然要憑藉其各自的內在秩序，但又何嘗能自外於這一個大秩序！

西周人，以其創造性的活潑心靈，在其建國大業中睿知地把握到了這一點。秩序之建立，便是他們的首要工作。他們給這秩序命了一個名，就叫做「禮」。基於上述之體認，爲他們所制定的禮，他們以爲並不是他們自己的創造發明而是來自天地的。所謂「禮者天地之序也」，便是這個意思。在西方世界中，猶太人的祖先摩西實具有類似西周人這樣的心靈。所謂「十誡」雖然實際是摩西在西奈上創制的，但他說那是由於上帝的啓示。卽不以宗教或是迷信的眼光來看，的確也是具有甚深眞意而不可隨便加以忽視的。

說到這裏，就必然會有人懷疑，如果說宇宙間天地萬物，包括人類在內，其存在與活動都是依憑其內在的秩序，且統歸於一個大秩序之中，是可以承認與理解的。西方人不就也有自然律 natural law 這個名詞嗎？但是，如果說到爲西周人所設置的那種繁複的生活規範也是出於自然，就未免太牽強不通，難以使人信服了。

這當然是一個問題。

不過，西周實早已考慮過了。

不僅考慮過了，而且也解決過了。

西周人，甚至西周以前的中國人，對於西方人所謂自然律當然是看到了的。不過，他們並沒有採取把自然律只當作自然律來看待，來使用，以了解自然世界。他們是在對自然律的感受中，反省到人雖然也是天地萬物之一，但人總有那麼一種與天地間其他物不同之處。這不同之處，是人的，也是自然的，是自然所特賦予人的，所以叫做「天理」。這「天理」是人之所以爲人的眞實根據，所以又就叫做「人情」。情，就是情實的意思。但人情也常常有自私的，也就是「人欲」的意思，所以西周人講人情總要與天理講在一起，目的卽在要人撇開人欲的人情，彰顯出天理的人情。天理，是大公的。所以，天理的人情是大公的，也是自然的。西周人制禮的依據是它，過程是它，目的還是它。所謂「禮儀三百、威儀三千，皆本之於人情」，便是這個意思。

西周人依人情制定了禮，並以之而爲敎。這種禮，這種禮敎，固然是由人所制定的，也是根據自然的——我們千萬不能忽略禮的這種自然意義。

這裏，我們當再次一談禮之限制義與成就義。

在上文，我們曾以十字路的紅綠燈爲例討論過了禮的限制義與成就義。這，乍看起來，好像是很近代的理論。其實不然，西周人早已看到了。這也並不是西周人特別聰明，而是因爲禮的這兩種意義是所有規矩、制度、誡條、法律的共同特性。任何在正常心態下思考這問題的人，都必然會察覺得到，除非他不用正常心態來考慮這問題。

所謂禮的限制意義，就是禮的消極意義，在西周人，卽所謂「禮者坊也」。「坊」，就是防，就是隄防的意思。所謂禮的成就意義，就是禮的積極意義，在西周人，就是「禮之居人日養」的「養」。荀子則直說：「禮者養也。」養，就是養之使成的意思。禮在西周，實是包括所有政治、社會、經濟、宗敎與個人在各方面的行爲之制度與方式而說的。這些制度與方式，看上去似是條條列舉，使人步步都在限制之中；其實，個人生活與社會、政治集體生活的種種事業也都是在這步步限制中得到成全的。像十字路口的紅綠燈一樣，沒有紅燈的限制那來綠燈的成全？

我們都知道在佛敎中有一派叫律宗，他們是以精心守持戒律出名的。我們外行人看來，這些人都好像是神經病樣的自我虐待狂，而且那種戒律嚴得也太不合理。成佛解脫幹嘛要這個樣子？但在他們自己看來，這就是他們的成佛解脫之道。他們持戒有兩種意義，就是我們所說的限制義與成就義。在限制義中持戒，他們叫「止持」；在成就義中持戒他們叫「作持」。意義有兩種，持戒乃是一件事情。這樣，持戒正是達到成佛解脫的必要途徑。眞的，不戒何以能定？不定何以能慧？戒則能定；定則能慧。慧就是他們的成佛解脫。

只能見禮的限制義，不能見禮的成就義，嚴格說來，沒有資格談禮的問題。

明乎禮的限制義與成就義，我們就可看出西周人以禮爲敎的眞意所在了；明乎西周以禮爲敎的限制義與成就義，我們就可以知道荀子重視「禮」的精神所在了。當然荀子言「禮」還不僅於此，他根本是就人羣集體生活之貞定的立場來說的。禮論篇當然有這個意思，但他的這種意思並不限於禮論篇，整個一部「荀子」的書，可說都是只在講一個「禮」字。

(九)樂論篇

正如談到荀子的禮論一樣，在我們要眞正了解荀子的樂論，就也必須對西周的樂敎有一相應的了解。

提起樂，就會使我們想到音樂；提起音樂，近代人少有不眉飛色舞的。因爲音樂欣賞在近代實是一種非常流行的風雅事情。所以，樂在近代人的感覺中，是與禮截然不同的。

西周人所謂的「樂」與今天我們所謂的「音樂」，並不完全是一對同義語。西周人所謂的樂，有時同於今天的音樂，有時不同於今天的音樂。而西周人的樂敎的眞精神却正好就在這不同處說的。當然，樂敎不能離開「音樂」。

因此，在說到西周樂敎之前，有三個名詞我們是必須弄淸楚的。這三個名詞就是聲、音、樂。先秦人使用這三個字，是非常不概念嚴格的。有時，這三個名詞可以同指今天所謂的「音樂」。如「鄭聲」就是鄭國的音樂；鄭聲，又叫鄭音，仍是鄭國的音樂；制禮作樂之「樂」，樂教之「樂」，也都是指「音樂」而言的。但有些時候，它們却各有其一定的指謂，一點兒也不能混淆。試分述如下：

聲，就是今天所謂的聲音，簡說爲「音」。音有兩種，一曰噪音，二曰樂音。這是物理上的分別，我們是非承認不可的。西周人所謂的聲，就是指今天所謂的樂音而言的。樂音，就是可以入音樂的聲音。它能刺激我們聽覺神經，使之產生一種快感；不像噪音那樣，只能使我們聽覺神經產生痛苦。對於它的接受者來說，只要具備有正常的聽覺神經系統就可以了。所以，人能感受它，禽獸也能感受它。但是，禽獸能「知聲」並不能「知音」。

音是什麼東西呢？

音，就是今天所謂的音樂。凡音樂都少不了聲音——當然是樂音。但樂音只是音樂的必要條件，並非音樂的充足條件。它必須另加上某些東西，才能成爲音樂。這加上去的東西，一般說來，就是所謂樂譜。它代表一種秩序。樂音在這秩序之中才能成爲抑、揚、頓、挫的音樂。音樂，由樂音與秩序成。但是，音樂之眞精神，既不在樂音，也不在秩序，而在駕乎此二者之上的和諧——一個秩序的和諧。我們只以在古代希臘著名的音樂家都兼爲數學家這一事實便可知其中三昧了。

套用亞里斯多德的話來說，樂音是音樂的材質因 materal cause，秩序是音樂的形式因 formal cause。材質是被決定的，形式是決定的。音樂之所以爲音樂的道理，是在形式處，不在材質處；固然，它也少不了材質。正因爲音樂的決定因素在形式，不同形式便產生了不同的音樂。不同形式的音便可對人產生不同形式不同內容的感受。

就這一個意義來說，西周人把音樂分爲兩種。一種是足以刺激活潑人們的生物性本能，或痲醉癱瘓人們的生物學本能的。這種音樂，西周通常稱之爲淫樂或溺音。這種音樂，雖也是音樂，西周人是不把它當作音樂的。西周人常稱之爲「音」而不稱之爲「樂」。音、樂兩個字，在西周，雖都可以同於今日的音樂二字，畢竟還是有分別的。可以「樂」指稱的音樂，乃是另外一種足以點醒人們內在心靈之本然和諧並導化人間共同生活之當然和諧的音樂。這才是西周人以之而爲敎的音樂。但不管那種音樂，都可作爲人們「欣賞」的對象。

自然，就一個欣賞者來說，只要是一個人，他便都有能力欣賞他能欣賞願欣賞的音樂。欣賞音樂，便是所謂「知音」。唯一般人，古人叫做庶人，能「知音」，並不一定能「知樂」。在我們現代人風雅之上，西周人居然還有一個「樂」！

那麼，樂又是什麼東西呢？

樂不是東西！

樂，用現代的語言來說，是一種生命情狀，是一種在音樂欣賞中的生命情狀。說到這裏的「生命」二字，通常我們是要加上「精神」或「心靈」這類的形容詞以示有別於血肉之軀的生命。因此，如說是精神情狀或心靈情狀也是可以的。知樂和知音不同。知音是以「我」來知「音」。「我」與「音」之間構成一個「主體、對象」的間架形式。對象的音樂是「音樂」，主體的我是「我」，「我」來欣賞「音樂」。知樂就不同了，它乃是主體的「我」這欣賞音樂心靈的自知，完全是這個欣賞音樂的「主體」的自我呈現，沒在知音中那種間架形式。在「知樂」中，音樂就是我，我就是音樂。音樂是一個秩序的和諧，我的生命也就是這個同一的秩序與和諧。它是一種主體的感受和感受的主體。所以「樂不是東西」。

作爲這種生命情狀的樂，古人常用「快樂」的「樂」來解釋，故曰：「樂者樂也。」這是不錯的。但是，這種「快樂」的樂，實有兩種。借用佛家的名詞來說，就是法樂和欲樂。欲樂就是心學中講到的快樂，是套在刺激、反應的形式中說的。

那也就是前面我們所說到的「知音」的方式。欣賞音樂是一種享受，故可名曰欲樂。這種欲樂佛家是瞧不起的。而且，老子稱五音令人耳聾，墨子要非樂，都是建立在這同一基礎上。法樂則完全反於是。它是一種眞理之樂。是我與眞理爲一的樂。且這爲一也並非一般二物之「合而爲一」之形式。根本上乃是一個「一」的形式。在這種形式中，生命，就是眞理之自己；眞理，就是生命之自己。生命，是眞理的生命；眞理，是生命的眞理。佛家說極樂，莊子說至樂，都是這種樂。這種樂，故只能通過人格來說，古人說：「唯君子爲能知樂」，又說：「樂者通倫理者也」，都是這個意思。

通過音樂以證成的生命與眞理爲一，就是一種生命的秩序與和諧，一種秩序與和諧的生命。可是，個人是一個生命，羣體也是一個生命。個人生命的秩序和諧，不能離開羣體生命的秩序和諧而秩序和諧；自然，羣體生命的秩序和諧也不能離開個人生命的秩序和諧而自秩序和諧。使個人生命與羣體生命共同達到一個不分個人與羣體的生命大秩序大和諧，便是「樂者通倫理也」的一種進一步的證成。到這裏，禮與樂是不可分的，所以「知樂則幾於禮矣」。

樂的和諧與禮的秩序一樣，都是天地自然人情的。禮樂的眞正價值與意義，便在這裏。當然，禮樂的作用也可以分別來說。分別來說，禮的作用在調整人們的外在行爲，樂的作用在調整人們的內在心靈。但這「分別來說」只是可以分別來「說」而已，在實踐上是不能分的，必須禮不離樂，樂不離禮。如果只有禮的秩序而無樂的和諧，禮便只成了一種乾枯死板的空洞儀式或教條，徹底是外在的，完全是他律的。其結果便是使人與人之間失去其原應屬於人的關係，只成了一種機械式的組合。在這種機械式的組合中，人與人之間，其實是沒有任何關係的。這種情形，古人就叫做「禮勝則離」。如果只有樂的和諧而沒有禮的秩序，也就是只「以和爲和」而「不以禮節之」，這種和諧實只是一種原始的興會，浪漫的情調。其結果便是完全使人與人之間漫無分際，「鳥獸同羣」，形成其社會價值的破滅。在這種社會價值的破滅中，人與人之間只是一種興會的漫蕩，就是古人所謂的「樂勝則流」。

因此，禮樂實在是一個道理。如果我們一定要說它們是兩件事情，它們也是交互成全的。所以，一些自認爲是很有深度的人不喜歡禮而只喜歡音樂，其實是最淺薄的！

荀子講「禮」，是順著西周的禮教講大了；荀子講「樂」，而是把西周的樂教講小了。他只能認取音樂的社會教化功能，其他全談不上。他實在不是一個音樂的心靈。

㈢解蔽篇

莊子在秋水篇中曾說過：「井蛙之不可語以海者，拘於墟也；夏蟲之不可語以冰者，篤於時也；曲士之不可語以道者，束於教也。」這說明人生必須要受三種限制，也就是荀子這裏所謂的「蔽」，「蔽」者，蔽於假相而不見眞理之謂也。井中的青蛙，你告訴大海是什麼情形，它一定是不能領會，因爲它被它那生活環境的井洞，即所謂「墟」，限制死了。面對一個只在夏季生活的昆蟲，你也不必告訴他冰是怎麼樣的東西了，因爲它被它生活的季節，即所謂「時」，也限制死了。「墟」，代表空間限制；「時」，代表時間限制。這種空間和時間的限制，是每個人都不能免的，是每人都必須承認的。

可是莊子講到的另外一種限制，即所謂「曲士不可語以道者，束於教也」的知識限制，我們就不大容易接受了。通常來說，知識代表「光明」，代表「道路」，不能是「限制」，不能是「蔽」。其實也是蔽。「曲士」，就是我們今天所謂的「專家」。荀子在天論篇中稱之爲「愚者」。當然，荀子在天論篇所指的那些愚者如愼子、老子、墨子、宋子比今天的專家實又不知高明出多少倍，但是，荀子還是把他們當愚者來看的。知識是可以限制人的，是可以成爲一種「蔽」的。這就是荀子在本篇所謂「蔽於一曲而失正求」的意思。「失正求」，就是使人不見眞理之全的意思。

荀子講到的「蔽」就不止莊子所說的這三種。他說：「欲爲蔽，惡爲蔽；始爲蔽，終爲蔽；遠爲蔽，近爲蔽；博爲蔽，淺爲蔽；古爲蔽，今爲蔽」。凡一切人都會蔽於其所欲，而不知其惡（ㄨˋ）之可欲；蔽於其惡，而不知其所欲之可惡；蔽於其始而不知其終；蔽於其終而不知其始；蔽於其遠而不知其近；蔽於其近而不知其遠；蔽於其博而不知其淺；蔽於其淺而不知其博；蔽於古而不知今，蔽於今而不知古。所以，荀子說：「凡萬物異則莫不相爲蔽」。這是人人都少不了的，所以他又說：「此心術之公患也」。

人在「蔽」中不見眞理。

古代君主們的「蔽」，如桀蔽於妺喜、斯觀，而不知關龍逢。紂蔽於妲己、飛廉，而不知微子啓。「蔽」的結果便是國亡身死。

相反的，商湯能專用伊尹使自己不受蔽而常見眞理；文王能專用呂望使自己不受蔽而常見眞理。所以他們能代桀紂而有天下。

人臣中也是有蔽的，如唐鞅蔽於欲權而逐賢相戴子；奚齊蔽於欲國而罪賢兄申生。結果，他們自己也都自陷於危辱滅亡了。

相反的，鮑叔牙一無所蔽，所以他能推荐管仲，結果他在齊國所得到的功名福利與管仲是一樣的；召公和呂望也是一無所蔽，所以他們能夠與周公同事交好，結果他們的名利福祿也是與周公一樣的。

政治人物是有蔽的，學術人物是不能免於蔽的。如墨翟蔽於實用的價值而不能知禮文音樂等的價值；宋榮子就爲情欲寡的觀念所蔽而不知求得滿足情欲之正道；愼到蔽於法律的作用而不知道德的作用；申不害蔽於運用外在形勢以取利的價值而不知運用內在道德知慧以成事的價值；惠施蔽於言辭詭辯的價值而不知眞理之實的價值；莊子蔽於自然的價值而不知人爲的價值。

凡有蔽都是不能見眞理；要見眞理就必須解除這些「蔽」。可是要解除這些蔽就應該知道蔽的性質。

蔽的性質什麼呢，凡蔽都是一種特殊的對象，一種可以陷溺人心的特殊對象。它怎樣陷溺人心呢？

第一，它能使人的心思陷於質實之中而歸於滯呆。因爲，人把心思投注在一個對象上，就會因對象的質實而質實，因對象之滯呆而滯呆。凡一切對象物都是質實而滯呆的。普通所謂「死心眼兒」，就是從此而「死」的。

第二，對象不僅質實而滯呆也是紛亂而雜多的。所以，人心陷於對象之中第二種必然的毛病就是跟著對象的紛亂雜多而紛亂雜多。普通所謂「心亂如麻」便是這種毛病的最好形容詞。

第三，對象不僅質實而滯呆，紛亂而雜多的，而且也是流遷變動的，而且是「瞬息萬變」的。人的心是投注在這瞬息萬變地流遷變動的對象上，自然也就跟著對象而瞬息萬變地流遷變動了。古人說：「人心惟危」。「危」，就指這流遷變動而言的。

人的心思在這質實而滯呆，紛亂而雜多，流遷而變動之中想要「見眞理」，也是荀子所謂的「知道」，則是根本不可能的，因其全在「蔽」中。

人如何解其「蔽」而「知道」呢？荀子說：

「人何以知道？」曰：「心」。「心何以知道？」曰：「虛、一而靜……虛、一而靜，謂之大清明」。

這一段，我們前面已說得很仔細了。虛、一而靜，就是針對着心的質實而滯呆，紛亂而雜多，流遷而變動而言的。這就是所謂「解蔽」。

(三)正名篇

「正名」，孔子在論語中就已經說過了，而且是孔子的重要觀念之一。論語子路篇記道：

子路曰：「衞君待子而爲政，子將奚先」？子曰「必也正名乎」！曰：「有是哉？子之迂也！奚其正」？子曰：「野哉由也。君子於其所不知蓋闕如也。名不正，則言不順；言不順，則事不成；事不成，則禮樂不興；禮樂不興，則刑罰不中；刑罰不中，則民無所措手足。故君子名之，必可言也；言之，必可行也。君子於其言，無所苟而已矣」。

在子路問孔子「衞君待子而爲政，子將奚先？」這句話時，子路在自己心中已預伏着一些答案。這些答案一定類如今天發展經濟、提高教育、擴充軍備、建立法制等等實質性的政治問題，他萬沒想到孔子所說竟是「正名」二字，他便覺得十分意外。在這意外中，子路對孔子這「正名」二字的直接反應就是「迂濶」；在這意外中，子路就毫不顧及平常師生間應有的禮貌，直接把他這反應脫口而出，說：「有這樣的事情嗎？老師，這就是您的迂濶！有什麼好正的呢」？

對孔子這「正名」二字而生起「迂濶」之反應的，實不只子路一人，在今天一定是更地多。「迂濶」，就是沒用，就是不切實際地沒用。近人喜歡說打倒孔家店，其實孔家沒有店！如果一定要說孔家有店的話，那店並不開在別處，乃是開在我們每個人心靈生活的最深處和我們共同社會生活的最眞實處。那孔家店內賣的藥也不是別的，乃是充實我們心靈生活與社會生活內容，提高我們心靈生活與社會生活境界的「生命之滋養」。我們要打倒它，最後必是打倒我們自己。近幾十年的歷史發展不是已清楚地證實了嗎？

「孔家店」中這「生命的滋養」，從我們個人的心靈生活來講，就是孔子說的「仁」，孟子說的「性善」；從我們的社會生活來講，就是孔子和荀子都肯定的「正名」。

在我們的社會生活，人與人的交通 communication 是一方面絕對免不了的，一方面我們也就是在這交通中成就社會事務以貞定我們的社會生活。我們的社會生活乃是我們心靈生活的擴大，貞定我們社會生活，也就是貞定我們的心靈生活，也就是貞定我們生活的全部。

在我們社會生活的人與人交通之中，最根本的工具也可以說是唯一的工具便是語言文字。語言文字本身並沒有什麼了不起，但是萬事萬物之名我們是非用它來代表不可的。所以，「名言」的問題，就是我們共營社會集體生活的最基本問題。孔子、荀子的「正名」都是由此而起的。這樣，我們能說他們「迂濶」嗎？

「正名」就是要使我們在社會生活中所使用每一個「名言」都有共同承認的確定意義，這樣才能眞正負起它交通工具的責任。如果，我們共同使用的「名言」而沒有爲我們共同承認的確定意義，它便負不起作爲我們社會生活交通工具的責任，我們人與人之間便無交通之可言。即令有，也是亂七八糟，互不了解。所以，「名不正則言不順」。

如果在人羣集體生活沒有交通可言，則社會上一切足以增進提高共同生活品質與內容的共同事物便根本建立不起來。正如今天所謂的「共識一樣」，沒有「共識」便一定是沒有「共事」的。所謂「共事」，就是共同事務。所以，「言不順則事不成」。

這裏所謂共同事務，一方可指現代所謂物質建築中的事務，在古代乃特指人與人之間的「人文事務」。共同的人文事務，乃是人與人之間共同認可的人生眞理之實現。這方面的事務建立不起來，人間便沒有是非、善惡的價值標準可言。「禮樂」就代表這些是非、善惡的價值標準。故曰：「事不成則禮樂不興」。「不興」，就是建立不起來，或是只形式的建立起來，不能起眞實的作用。

社會間是非、善惡的客觀價值標準建立不起來；社會間便無是非、善惡之可分；社會間無是非、善惡之可分，則社會生活最高層次的政治生活中的一切刑賞、獎懲便都是毫無眞實意義的胡整亂來。一切的刑賞、獎懲皆不足以稱之爲刑賞、獎懲而只是胡整亂來。故曰：「刑罰不中」。

如果一個國家的刑賞、獎懲都是毫無眞實意義的胡整亂來，人民便都不知如何安排自己的行爲，故曰：「無所措手足」。全國人民都不知如何安排自己的行爲，天下便是大亂。這從「名不正」一直到「民無所措手足」一步步的惡性發展都是必然的，不是偶然的。這，動態地來說，便是歷史之必然性；靜態地來說，便是政治之必然性。如果說這種「民無所措手足」的天下大亂也算是一種災難——是歷史的災難，政治的災難——那麼，這種災難也是具有其內在的必然性的。孔子和荀子都掌握到了這歷史和政治的必然性，自然也看到了這災難的必然性。

所以，名不能亂，名亂則一切都必跟著亂起來。

以上，我們就孔子正名之義，總持地介紹了荀子正名篇的中心觀念。至於其詳解，讀者諸君可從牟宗三先生名家與荀子一書中見之。因爲「正名」的關係，荀子在本篇中也有他的邏輯貢獻，讀者諸君也可在牟先生的書中讀到。我們這裏就不多說了。

(三)附說

上面，我們介紹了二十一篇，再加上天論篇，我們共介紹了二十二篇。荀子共三十二篇，下面還有性惡、君子、成相、賦、大略、宥坐、子道、法行、哀公、堯問等十篇。這十篇，除了性惡篇之外其他較不重要。性惡篇，我們雖然沒有直接介紹，但是在「荀子的眞形象」中我們實已討論得相當透徹了。其他九篇我們就可以略去了。這應該也算是「虎頭蛇尾」了。不過我們是捉著「虎頭」略去「蛇尾」。杜詩「擒賊先擒王」。講到這裏，我們應該也算已擒着了荀子學術的「王」，剩下九篇不重要的小嘍囉，他們實在已經被我們擒着了。因爲，在它們之中如還有點意見，我們實在已統統說過了。

『中國歷代經典寶庫』《青少年版》出版的話

一個中國古典知識大衆化的構想

◎高上秦

許多討論或研究中國文化的學者，大概都承認一樁事實：中國文化的基調，是傾向於人間的；是關心人生，參與人生，反映人生的。我們的聖賢才智，歷代著述，大多圍繞著一個主題，治亂興廢與世道人心。無論是春秋戰國的諸子哲學，漢魏各家的傳經事業，韓柳歐蘇的道德文章，程朱陸王的心性義理；無論是貴族屈原的憂患獨歎，樵夫惠能的頓悟衆生；無論是先民傳唱的詩歌、戲曲、村里講談的平話、小說……等等種種，隨時都洋溢著那樣强烈的平民性格、鄉土芬芳，以及它那無所不備的人倫大愛；一種對平凡事物的尊敬，對社會家國的情懷，對蒼生萬有的期待，激盪交融，相互輝耀，繽紛燦爛的造成了中國。平易近人、博大久遠的中國。

可是，生爲這一個文化傳承者的現代中國人，對於這樣一個親民愛人、胸懷天下的文明，這樣一個塑造了我們、呵護了我們幾千年的文化母體，可有多少認識？多少理解？又有多少接觸的機會，把握的可能呢？

一般社會大衆暫且不提，就是我們的莘莘學子、讀書人，受了十幾年的現代教育以後，究竟讀過幾部歷代的經典古籍？瞭解幾許先人的經驗智慧？當年林語堂先生就曾感嘆過，現在的大學畢業生，連「中國幾種重要叢書都未曾見過」，遑論其他？

特別是近年以來，升學主義的壓力，耗損了廣大學子的精神、體力；美西文明的風行，導引了智識之士的思慮、習尚；電視、電影和一般大衆媒體的普遍流通，更造成了一個官能文化當道，社會價值浮動的生活形態。美國學者雷文孫所說的當代世界是一個「沒有圍牆的博物館」，固然鮮明了這一現象，但眞正的問題，却在於我們的根性尚未紮穩，就已目迷五色的跌入了傳播學者所批評的「優勢文化」的輻射圈內，失去了自我的特質與創造的能力。

何況，近代的中國還面對了內外雙重的文化焦慮。自內在而言，白話文學運動固然開發了俚語俗言的活力，提升了大衆文學的地位，覺悟到社會羣體的知識參與力，却相對的減損了我們對中國古典知識的傳承力；以往屬於孩童啓蒙的「小學」教育，屬於讀書人必備的「經學」常識，都在新式教育的推動下，變得無比艱澀與隔閡了。自外在而言，五四以來的西化怒潮，不斷開展了對西方經驗的學習，對傳統意識的批判，意興風發的營造了我們的時代感覺與世界精神，爲我們的現代化打下了一定程度的基礎；它也同時疾風迅雨般衝刷著中國備受誤解的文明，削弱了我們的文化認同與歷史根源，使我們在現代化的整體架構上模糊了著力的點，漫漶了精神的面。

將近五十年前，國際聯合會教育考察團曾對我國教育作過一次深入的探訪，在報告書中，一針見血的指出：歐洲力量的來源，經常是透過古代文明的再發現與新認識而而達至；中國的教育也理當如此，才能眞實發揮它的民族性與創造性。

事實上，現代的學術研究，也紛紛肯定了相似的論點。文化人類學所剖示的，每一個文化都有它的殊異性與持續性；知識社會學所探討的，一個文化的强大背景與典範人物，常常是新一代創造者的「支援意識」的能源；而李約瑟更直截了當的說，除了科技以外，其他文化的成果是沒有普遍性的。在這裏，當我們回溯了現代中國的種種內在、外在與現實的條件之餘，中國文化風格的深透再造，中國古典知識的普遍傳承，更成了炎黃子孫無可推卸的天職了。

「中國歷代經典寶庫」青少年版的編輯印行，就是這樣一份反省與辨認的開展。

在中國傳延千古的史實裏，我們也都看到，每當一次改朝換代或重大的社會變遷之餘，都有許多沈潛會通的有心人站出來，顚沛造次，心志不移的汲汲於興滅繼絕的文化整理、傳道解惑的知識普及——孔子的彙編古籍、有敎無類，劉尚的校理衆書、編目提要，鄭玄的博古知今、遍註羣經；乃至於孔穎達的「五經正義」，朱熹的「四書集註」，王心齋的深入民衆、樂學教育……他們或以個人的力量，或由政府的推動，分別爲中國文化做了修舊起廢、變通傳承的偉大事業。

民國以來，也有過整理國故的呼籲、讀經運動的倡行；商務印書館更曾經編選印行了相當數量、不同種類的古書今釋語譯。遺憾的是，時代的變動太大，現實的條件也差，少數提倡者的陳義過高，拙於宣導，以及若干出版物的偏於學術界或知識份子的需要；這一切，都使得歷代經典的再生，和它的大衆化，離了題，觸了礁。

當我們著手於這項工作的時候，我們一方面感動於前人的努力，一方面也考慮了當前的需求，從過去疏漏了的若干問題開始，提出了我們這個中國古典知識大眾化的構想與做法。

我們的基本態度是：中國的古典知識，應該而且必須由全民所共享。它們不是知識份子的專利，也不是少數學人的獨寵，我們希望它能進入到大眾的生活裏去，也希望大眾都能參與到這一文化傳承的事業中來；何況，這些歷代相傳的經典，又有那麼多的平民色彩，那麼大的生活意義——說得更澈底些，這類經典，大部份還是平民大眾自身的創造與表現。大家怎麼能眼睜睜的放棄了這一古典寶藏的主權呢？

爲此，我們邀請的每一位編撰人，除了文筆的流暢生動外，同時希望他能擁有古典的與現代的知識，並且是長期居住或成長於國內的專家、學者，對當前現實有一適當的理解與同情。在這基礎上，歷代經典的重新編撰，方始具備了活潑明白、深入淺出、趣味化、生活化的蘊義。

也是爲此，我們首先爲這套書訂定了「青少年版」的名目。我們也曾考慮過一些其他的字眼，譬如「國民版」、「家庭版」等等，研擬再三，我們還是選擇了「

青少年版」。畢竟，這是一種文化紮根的事業，紮根當然是愈早愈好。在最有吸收力、閱讀力的年歲，在最能培養人生情趣和理想的時候，我們的青少年朋友就能與這些清澈的智慧、廣博的經驗爲友，接觸到千古不朽的思考和創造，而我們所謂的「中國古典知識大衆化」，才不會是一句口號。

這也意味了我們對編撰人寫作態度的懇盼，以及我們對社會羣體的邀請。但願透過這樣的方式，讓中國的知識、中國的創作，能夠回流反哺，回到每一個中國家庭裏，使每一位具有國中程度以上的中華子民，都喜愛它、閱讀它。

我們深深明白中國文化的豐美，它的包容與廣大。每一時代，每一情境，都有不同的創作與反省；它們或驚或嘆、或悲或喜，或溫柔敦厚、或鵬飛萬里，雖然形式多端、訴求有異，却絲毫無損於它們的完美與貢獻。這也就確定了我們的選書原則：盡可能的多樣化與典範化。像四庫全書對佛典道藏的排斥，像歷代經籍對戲曲小說的貶抑，甚至多數人都忽略了的中國的科技知識、經濟探討、敦煌遺墨，都是我們所不願也不宜偏漏的。

就這樣，我們在時代意義的需求、歷史價值的肯定、多樣內容的考量下，從廿五萬三千餘冊的古籍舊藏裏，歸納綜合，選擇了目前呈現在諸位面前的六十五部經典。這是我們開發中國古典知識能源的第一步，希望不久的將來，我們能繼續跨出第二步、第三步……

我們所以採用「經典」二字爲這六十五部書的結集定名，一方面是——說文解字所解釋的，「經」是一種有條不紊的編織排列；廣韻所說的，「典」是一種法，一種規則。它們的交織運作，正可以系統的演繹了中國文化的風格面貌，給出我們日常行爲的規範，生活的秩序，情感的條理。另一方面——也是採用了章太炎先生的說法：它們是「當代記述較多而常要翻閱的」一些書。我們相信，中國文化的恢宏壯麗，必須在這樣的襟懷中才能有所把握。

與這個信念相表裏，我們在這六十五部經典的編印上，不作分類也不予編號。這套經典對我們是一體同尊的，改寫以後也大都同樣親切可讀，我們企冀於提供的，是一套比較完備的古典知識。無論古代中國七略四部的編目，或現代西方科技分類的正名，都易扭曲了它們的形象，阻礙了可能的欣賞，這就大大違反我們出版這套書的諦旨了。

但在另一重意義上，我們却分別爲舊典賦予了新的書名，用現代的語言烘托原書的精神，增進讀者對它的親和力；當然，這也意味了它是一種新的解釋，是我們以現代的編撰形式和生活現實來再認的古典。

也是在這種實質的，閱讀的要求下，我們不得不對原書有所去取，有所融滙與變通。譬如，原典最大的「資治通鑑」，將近三百卷的皇皇巨著，本身就是一個雄偉的書中帝國，一般大衆實難輕易的一窺堂奧。新版的「帝王的鏡子」做了提玄勾要的梳理，形式也類同袁樞「通鑑紀事本末」的體裁，把它作了故事性的改寫，雖然字數濃縮了，却在不失原典題旨的照顧下，提供了一份非專業的認知。其他的部份經典，也有類似的寫法。這方面，歐美出版界倒有不少可供我們借鑑的例子。遠的不談，就以湯恩比的「歷史研究」來說，前六册出版了未及十年，桑馬威爾就爲它作了濃縮至六分之一的大衆節本，暢銷一時，並曾獲得湯氏本人的大大讚賞。我們的作法雖不必盡同，但精神却是一致的。

再如原書最少的老子「道德經」，這部被美國學者蒲克明肯定爲未來大同世界家喩戶曉的一部書，短短五千言，我們却相對的擴充、闡釋，完成了十來萬字的「生命的大智慧」。又如「左傳」、「史記」、「戰國策」等書，原有若干重疊的記述，經過編撰人的相互研討，各有删節，避免了雷同繁複。……由於歷代經典的繽紛多彩，體裁富麗，筆路萬殊，各編撰人曾有過集體的討論，也有過個別的協調，分別作成了若干不同的體例原則，交互運用，以便充分發皇原典精神，又能照顧現實需要，爲廣大讀者打出一把把邁入經典大門的鑰匙。

無論如何，重新編寫後的這套書，畢竟仍是每一位編撰者的心血結晶，知識成果。我們明白，經典的解釋原有各種不同的學說流派，在重新編寫的過程裏，每一位編撰者的參酌採用，個人發揮我都寄寓了最高的尊重。

除了經典的編撰改寫以外，我們同時蒐集了各種有關的文物圖片千餘幀，分別編入各書。在這些「文物選粹」中，也許更容易讓我們一目了然的感知到中國：那樣樸素生動的陶的文化，剛健恢宏的銅的文化，溫潤高潔的玉的文化，細緻優美的瓷的文化；那些刻寫在竹簡、絲帛上的歷史，那些遺落在荒山、野地裏的器物；那些意隨筆動的書法，那文章，那繪畫……正如浩瀚的中國歷代經典一般，那一樣不足以驚天地而泣鬼神？那一樣不是先民們偉大想像與勤懇工作的結晶？看起來，它們是一幅幅獨立存在的作品，一件件各自完整的文物，然而它們每一樣都代表了中國，都煥發出中國文化緜延不盡的特質。它們也和這些經典的作者一樣，是彼此相屬、相生、相成的。

這套書，分別附上了原典或原典精華，不只是強調原典的不可或廢，更在於牽引有心的讀者，循序漸進，自淺而深。但願我們的青少年，在舉一反三、觸類旁通之餘，更能一層層走向原典，去作更高深的研究，締造更豐沛的成果；上下古今，縱橫萬里，為中國文化傳香火於天下。

是的，我們衷心希望，這套「中國歷代經典寶庫」青少年版的編印，將是一扇現代人開向古典的窗；是一聲歷史投給現代的呼喚；是一種關切與擁抱中國的開始；它也將是一盞盞文化的燈火，在漫漫書海中，照出一條知識的，遠航的路——

也許，若干年後，今天這套書的讀者裏，也有人走入這一偉大的文化殿堂，與先聖先賢並肩論道，弦歌不輟，永世長青的開啓著、建構著未來無數個世代的中國心靈！

歷史在期待。

（民國六十九年歲末於臺灣臺北）

附記：雖然，編輯部同仁曾盡了最大的力氣，但我們知道，這套書必然仍有不少缺點，不少無可避免的偏差或遺誤。我們十分樂意各界人士對它的批評、指正，這不僅是未來修訂時的參考，也將是我們下一步出版經典叢書的依據。

總目錄

袖珍本50開中國歷代經典寶庫59種65册

總目錄

袖珍本50開中國歷代經典寶庫59種65冊

總目錄

袖珍本50開中國歷代經典寶庫59種65冊

【開卷】叢書古典系列

中國歷代經典寶庫 荀子

編 撰 者—陳修武
校 對—陳修武・周淑貞
董 事 長
發 行 人—孫思照
總 經 理—莫昭平
總 編 輯—林馨琴
出 版 者—時報文化出版企業股份有限公司
10803台北市和平西路三段240號三樓
發行專線—(02)2306-6842
讀者服務專線—0800-231-705・(02)2304-7103
讀者服務傳眞—(02)2304-6858
郵撥—19344724 時報文化出版公司
信箱—台北郵政79～99信箱
時報悅讀網—http://www.readingtimes.com.tw
電子郵件信箱—liter@readingtimes.com.tw

印 刷—盈昌印刷股份有限公司
袖珍本50開初版——一九八七年元月十五日
三版八刷——二〇〇九年十月二十日
袖珍本59種65冊
定價新台幣單冊100元・全套6500元

⊙行政院新聞局局版北市業字第八〇號

ISBN 957-13-1451-X

國立中央圖書館出版品預行編目資料

荀子：人性的批判／陳修武編撰. --二版.
--臺北市：時報文化，1994〔民83〕
面；　公分. --（開卷業書·古典系列）（中國歷代經典寶庫；9）
ISBN 957-13-1451-X （50 K 平裝）

1.（周）荀況－學術思想－哲學
121.27　　　　83010105